토기장이

"우리는 진흙이요 주는 토기장이시니
우리는 다 주의 손으로 지으신 것이라" (이사야 64:8)

불신의 시대를 사는
그리스도인의 용기

매트 챈들러 · 데이비드 로크 지음 | 김진선 옮김

TAKE HEART

기독교를 향한 불신과 혐오의 시선 속에서
그리스도인은 어떻게 살아야 하는가!

Take Heart

Take Heart / Christian Courage in the Age of Unbelief
by Matt Chandler with David Roark

Copyright © 2018 The Village Chruch
All rights reserved.
Published by The Good Book Company

Korean translation copyright © 2018 by Togijangi Publishing House
Togijangi B/D 3F, 26, Mangwonro, Mapogu, Seoul 04007, Korea

This Korean edition is published by the permission of The Good Book Company (Blenheim House, 1 Blenheim Road Epsom, Surrey KT19 9AP U.K.) through the arrangement of Wen-Sheun Sung right

본 저작물의 한국어판 저작권은 Wen-Sheun Sung right를 통해 The Good Book Company와의 독점계약으로 한국어 판권을 '도서출판 토기장이'가 소유합니다. 저작권법에 의하여 한국 내에서 보호를 받는 저작물이므로 무단 복제를 금합니다.

특별한 표기가 없는 모든 성경 구절은 개역개정성경을 인용한 것입니다.

불신의 시대를 사는 그리스도인의 용기

매트 챈들러 · 데이비드 로크 지음 | 김진선 옮김

도서출판 **토기장이**

추천의 글

예수 믿지 않는 사람이 회심하는 일이 교회 안에서 사라지고 있다. 이런 현상은 세상이 교회를 어떻게 보고 있는지를 단적으로 보여 주는 장면이다. 우리가 사는 이 세상에서 교회가 천덕꾸러기 신세로 전락하고 있는 것이다. 이런 현상의 기저에는 교회가 믿고, 주장하고, 확신하고 있는 내용들을 이 시대의 문화와 상식들에 맞춰서 수정하라는 거센 도전과 압박이 깔려 있다. 참으로 두려운 현실이다. 이런 혼란한 상황 속에서 매트 챈들러는 우리의 따뜻하고 명민한 길잡이가 되어 준다. 그는 교회가 잃어버린 것이 무엇인지를 보여 주면서 회개를 촉구한다. 동시에 타협함 없이 끝까지 붙잡고 있어야 할 것이 무엇인지를 보여 주면서 용기를 내어 그 길을 걸어가라고 격려한다. 이 책을 읽는 동안 저자의 정확한 비판에 적지 않은 아픔과 쓰라림을 경험하게 될 것이다. 그러나 더 많은 용기와 소망을 얻게 될 것이다.

김관성 행신침례교회 담임목사, 「본질이 이긴다」 저자

주변으로 밀려나고 있는 한국 교회를 예견하는 이때 이 책은 이미 앞서 '기독교 국가'라는 허상을 경험한 한 목회자의 현장의 소리를 들려준다. 정직하면서도 호소력 있고, 따스함이 느껴지기도 하는 저자의 글은 어떻게 기독교 파워를 다시 회복할 수 있는지, 혹은 어떻게 기독교가 문화를 주도해 갈 수 있는지에 대해서 말하지 않는다. 불신의 시대에 믿음으로 살 수 있는 획일화된 레퍼토리를 언급하지도 않는다. 저자는 '용기를 내라'고 말한다. 다소 황망해 보이는 그 '용기'의 기저(基底)에는 놀랍게도 '하나님의 은혜'가 흐르고 있다. 서구 목회자 한 사람이 말하는 하나님의 은혜로 인한 용기는 이색적일 만큼 신선하고 한편으론 친근하다. 오직 하나님의 은혜로만 용기 내어 살 수 있고, 이러한 삶은 세속화와

계몽주의적 패턴으로 치닫는 현대 교회에 본질로의 회귀(回歸)를 촉구하는 외침이 될 수 있다. 전략이 아니라 태도로서의 본질적 교회 생태계를 기대하는 분들에게 꼭 권하고 싶은 책이다.

김상권 남양주평화교회 담임목사, 「청년 설교」 저자

청소년 탈선, 마약 이슈, 그리고 동성애 문제가 북미에서 거세게 지각을 흔들었을 때 우리는 상상도 하지 못했다. 그러나 몇십 년 뒤 우리나라에도 그 여진이 거세게 뒤덮었다. 지금 북미에서는 거대한 영적인 쓰나미가 덮치고 있다. 북미 교회가 어떻게 혹독한 영적 전쟁을 치르며 붉은 피를 흘리고 있는지 이 책은 보여 주고 있다. 그리고 그 모습은 지금 우리나라에서도 똑같이 나타나고 있다. 이 책을 통해 포스트 기독교 시대의 무자비한 공격을 어떻게 대처해 나가야 할지 그 해답을 얻기 바란다.

김영한 목사, Next 세대 Ministry 대표 & 주님의교회 청년부 디렉터

누구나 교회의 위기라고 말할 정도로, 모든 교회가 어려운 시간을 지나고 있다. 그러나 진정한 위기는 교회가 사회적 영향력을 잃는 것에 있지 않다. 오히려 교회가 하나님의 말씀에 대한 확신과 소망을 잃어버리고, 다른 곳에서 전략과 돌파구를 찾으려 하는 것이 위기의 본질이다. 저자는 지금 교회에 필요한 것은 세상의 대세를 거스르는 용기라 말하며, 그러한 용기는 하나님과 그분의 약속을 향한 믿음에서 나옴을 역설하고 있다. 이 책을 통해 이 땅의 그리스도인들이 다시금 주님의 말씀으로 시선을 돌려 참된 용기를 얻게 되기를 소망하며 추천한다.

송태근 삼일교회 담임목사

번영신학에 물든 교회의 추락 가속도가 심각하다. 교회가 세상보다 더 부패하고 타락했다는 평가에 내몰리고 있다. 수많은 교회가 건강한 보수가 아닌 배제와 혐오로 향하고 있다. 그럴수록 실망한 청년들이 교회를 떠난다. 이제는 챈들러가 말하는 선교적 환대에 귀를 기울일 때다. 그것이 한국 교회가 살 수 있는 방향성이기 때문이다. 세속화의 물결이 거세고 성공주의, 물량주의, 반기독교적 정서가 강한 지금이야말로 성경에 기초한 성찰과 회개가 필요하다. 더 나아가 미래를 열어가기 위한 성경적인 용기가 필요하다. 챈들러를 통해서 용기와 선교적 환대에 대해서 도전과 격려를 받는다. 모두 함께 이 책을 읽고 미래를 열어갔으면 한다.

이상갑 산본교회 담임목사, 청년사역연구소 대표

이 시대에 꼭 필요한 책이다. 특히 한국 교회에 필요한 책이다. 매트 챈들러는 미국 교회의 문제를 다루었지만 동일한 상황이 한국 교회에도 일어나고 있기에 그 적용점은 같다. 교회가 혐오집단으로 낙인찍히고, 창조와 가정에 대해 전통적인 신앙을 가진 성도들이 '광신자'로 매도당하고, 교회 제도가 시대착오적인 것으로 비난받는 불신의 시대에 교회는 세상에 대하여 어떤 태도를 취해야 하는가? 이 질문이 늘 마음속에 가득했다. 매트 챈들러는 포스트 기독교 시대를 지나고 있는 미국 교회를 향해 문화를 '회심'시키려 하거나, '정죄'하거나, '소비'하고자 하는 기존의 세 가지 입장을 내려놓고 담대하게 제4의 대안을 추구하자고 도전한다. 그것은 바로 '용기'를 가지고 대면하는 것이다. 그가 '용기'를 대안으로 제시하는 것은 모든 입장들이 '두려움'에서 비롯된 것이기 때문이다. 그 용기는 바로 말씀대로 선을 추구하고 행할 용기, 진리를 말하고 복음을 전도하는 용기, 이웃을 환대하는 용기, 특히 선교적 환대를 행하는 용기 등이다. 분명 교회는 중심부에서 밀려나 주변부로 향하고 있지만, 더욱 용기를 낸다면 주변부에서 중심부를 변화시키는 하나님의 능력을 경험할 수 있을 거라고 저자는 말한다. 시대를 읽는 눈이 필요한 이때에 모든 한국 교회 성도와 지도자들이 이 책을 통해 참된 용기를 얻어 이 시대를 변화시키는 하나님의 사람들이 될 수 있기를 기도한다.

이재훈 온누리교회 담임목사

기독교의 권위가 땅에 떨어지고 혐오의 대상이 되고 있는 요즘 같은 시대에, 이 책은 새로운 시각을 우리에게 제시한다. 지금이야말로 그리스도인으로 살기에 더없이 좋은 때라는 것이다. 그러면서 우리가 잊고 있었던 전사로서의 하나님, 온 역사를 주관하시는 하나님, 우리 삶에 필요한 모든 것을 공급하시는 하나님에게 우리의 시선을 맞추도록 인도한다. 힘 있고 예리한 저자의 글을 따라가다 보면, 어느새 이 불신의 시대에 신실한 그리스도인으로 살아갈 거대한 용기에 사로잡히게 될 것이다.

이찬수 분당우리교회 담임목사, 「아는 것보다 사는 것이 중요하다」 저자

복음 중심의 기독교가 융성할 때는 권력의 중심부 밖에 있을 때이며, 그리스도인의 용기는 문화의 힘이 아니라 하나님의 능력과 은혜를 신뢰하는 데서 비롯됨을 이 책은 강력하게 주지시킨다.

팀 켈러 맨하탄 리디머 장로교회 설립목사, 「답이 되는 기독교」 저자

우리는 기독교에 대한 적대감이 날로 커지는 시대를 살고 있다. 이런 시대에는 용기와 확신과 견고한 비전이 꼭 필요하다. 매트 챈들러의 이 책은 시련의 시기에 신실한 믿음을 지키라는 사려 깊으면서도 용기 있는 목회자적 요청을 담고 있다. 또한 반대의 거센 물살에 맞서 용기를 장전시키도록 도와주는 실제적 지혜와 건전한 신학적 원리들로 가득하다.

R. 알버트 몰러 주니어 남침례회 신학교 총장

도전과 위로가 절실히 필요한 시기에, 매트 챈들러는 이 책을 통해 두 가지를 모두 선사한다. 그의 말에는 선지자적 긴박성과 목회자적 따뜻함이 엿보인다. 이 책은 이 시대의 혼란스러운 바다를 어떻게 항해하는지 알고 싶어 하는 모든 그리스도인에게 도움이 될 것이다.

마이크 코스퍼 하버 미디어 최고 책임자, 「Recapturing the Wonder」 저자

두려움, 고통스러움, 위축, 체념. 이는 '포스트 기독교' 문화 속에서 사람들이 보이는 반응 중 일부다. 챈들러는 현재의 서구 문화에서 많은 그리스도인이 어떤 심정으로 살아가는지 알고 있다. 그는 성경적인 진리를 통해 우리가 용기를 갖도록, 우리를 격려하고 세우실 분께 우리의 시선을 다시 향하게 도와준다.

트릴리아 뉴벌 「God's Very Good Idea and Enjoy」 저자

그리스도인으로서 우리는 두려워 떠는 사람들이 아니라 소망의 사람들이 되어야 한다. 매트 챈들러는 현재의 문화 속에서 이런 소망을 품고 살기 위해 그리스도인들을 독려하고 용기를 북돋우며 준비하도록 도와줄 책을 시의적절한 시기에 출판하였다. 이 책은 오늘날의 세상에서 '빛

과 소금'으로 살고자 열망하는 모든 성도에게 탁월한 자원을 제공한다.

매트 카터 오스틴 스톤 커뮤니티 교회 설교목사

매우 고무적인 책이다. 말 그대로다. 이 책을 읽는 독자는 용기를 얻을 것이다. 또한 분량이 많지 않아 부담 없이 읽을 수 있고 핵심을 찌르는 깨달음과 마주하는 즐거움을 경험할 수 있다. 실제적 지혜와 목회적 통찰력이 번뜩이며, 이런 주제를 다룬 책들에서 결여되기 쉬운 따스함과 재치가 돋보인다. 꼭 읽고 용기를 얻기 바란다.

앤드류 윌슨 런던 킹 처치 교육목사

매트 챈들러는 용감하고 확신에 찬 사람이다. 선지자적 목소리로 교회와 세상이 복음의 아름다움을 바라보도록 인도하며, 그리스도인들이 세상 속에서 신실하게 살도록 이끄는 탁월한 은사가 있다. 이 책은 '예수님이 살아계시므로 그리스도인들은 용기 있게 살 수 있다'는 메시지의 표지판과 같다.

러셀 무어 남침례회 윤리와 종교자유위원회 위원장, 「Onward」 저자

우리는 세속주의로 경도된 문화에 어떻게 대응하고 있는가? 공포에 기반한 대응 방식은 싸우거나 회피하는 반응만 유발할 뿐, 역사적으로 미흡한 점이 많다는 것이 증명되었다. 이제 우리에게는 앞으로 용감하게 진격할 방법을 알려 줄 쾌활하고 용감한 그리스도의 제자들이 필요하다. 매트 챈들러는 스스로 그런 사람임을 보여 주었으며, 이 책에 그의 그런 점이 잘 드러난다.

브라이언 로리츠 실리콘 밸리 어반던트 라이프 처치 대표목사

요즘과 같은 시대에는 그리스도인으로 살기가 만만치 않음을 많은 이들이 느낀다. 그러나 이 책은 교회의 길고 풍성한 역사와 하나님의 견고하면서 변치 않는 사랑을 일깨워 줌으로써 이런 어려운 시기에도 그리스도인들이 용기를 갖고 힘을 낼 이유가 충분함을 보여 준다.

카렌 스왈로우 프라이어 시인이자 개혁가이며 낙태반대 운동가,
「Fierce Convictions: The Extraordinary Life of Hannah More」 저자

매트의 목소리는 신뢰할 수 있다. 세계적으로 중요한 문화적 전환기에 우리에게는 무엇보다 용기가 필요하다. 두려움으로 행하거나 교회가 곧 사라진다는 거짓된 선언에 귀 기울이지 말고, 용기를 내어 개입하겠다는 더 확고한 결단이 필요하다. 이 책을 통해 올바른 방향을 향해 나아가며, 전환기의 불확실함으로 가득한 이 시기에 전략적 용기로 무장하기 바란다.

에릭 메이슨 필라델피아 에피파니 펠로우쉽 설립자이자 대표목사

오늘날에는 체념하거나 희망을 잃은 그리스도인이 수없이 많다. 만약 이 말이 자신의 말처럼 들린다면 매트 챈들러의 말을 새겨들어야 한다. '지금은 그리스도인으로 살기에 좋은 때다. 용기를 내라.' 공허하고 순진한 말이라 생각되는 사람은 이 책을 꼭 읽어야 한다. 매트는 우리가 겪는 어려움들을 예리하게 건드리면서도 결국 승리하시는 우주의 주님께 더욱 시선을 집중하도록 이끈다. 육신적인 승리주의가 아니라, 참으로 거대하신 하나님에 대한 용기 있는 믿음을 옹호한다. 이 책은 철저히 성경적이고 소망에 찬 내용으로 가득하기에 우리 모두 귀담아 들을 필요가 있다. 강력 추천한다.

샘 스톰스 오클라호마 시티, 브릿지웨이 교회 대표목사이자 복음주의 신학협회 회장

두려워할 필요가 없다. 하나님의 백성들과 세상을 향한 하나님의 계획이 그 핵심부터 의문시되고 공격 대상이 되어 주변으로 밀려난 때가 비단 오늘만의 현상은 아니다. 사랑하는 매트 형제가 이 시의적절한 책으로 전하는 중심 메시지가 이것이다. 그러나 그는 여기서 한 걸음 더 나아간다. 이 책은 우리의 소망을 실제로 어디에 두고 있으며, 국가에 대한 교회의 역할을 어떻게 생각하는지, 실제로 이웃을 자기 몸처럼 사랑하는지 비판적으로 성찰하도록 도전한다. 우리는 기회로 가득한 시기에 살고 있으며 세상을 변화시키는 일에 꼭 필요한 역할을 담당할 수 있다.

레온스 B. 크럼프 주니어 애틀란타 레노베이션 설립목사,
「Renovate: Changing Who You Are by Loving Where You Are」 저자

대단히 놀랍고 고무적인 책이다. 기독교가 문화적 기반을 상실하고 있는 이때에 우리는 공포감으로 가슴이 짓눌릴지 모른다. 그러나 이때야말로 회복을 경험하고, 생명을 살리며, 세상을 바꾸는 제자가 되기에 더없는 적기라고 하면 어떻게 하겠는가? 예수님이 늘 원하시던 제자가 되기에 이때가 가장 적당한 시기라면 어쩌겠는가? 매트는 특유의 방식으로 그런 비전을 제시하는 놀라운 일을 감당한다. 그렇게 함으로 하나님이 세상에서 이루고자 하시는 수많은 일과 그분의 계획 속에 우리가 맡은 역할에 대해 가슴 설레는 기대감을 품도록 해준다.

스코트 사울스 내쉬빌 그리스도 장로교회 담임목사,
「Jesus Outside the Lines, Befriend, From Weakness to Strength」 저자

빌리지 교회에 이 책을 바칩니다.
이 책을 쓰는 내내 우리는 빌리지 교회 성도들을 생각했습니다.
앞으로도 더 오랫동안 그들과 동역할 수 있기를 기도합니다.

차 례

추천의 글

01 불신의 시대, 오히려 교회는 회복될 수 있다 017

02 중심에서 주변으로 밀려나는 오늘날의 교회 029

03 하나님만이 주실 수 있는 거대한 용기를 경험하라 049

04 전사이신 하나님의 이야기 071

05 용기는 거룩과 헌신, 복음 전도로 나타난다 097

06 용기의 또 다른 모습, 따듯한 환대 117

07 용기를 내라, 우리는 이 순간을 위해 만들어졌다 145

참고문헌

감사의 말

01
불신의 시대, 오히려 교회는 회복될 수 있다

교회의 입장에서 본다면 서구의 하늘에 암운이 더욱 짙어지고 있다. 그러나 하늘이 무너져 내린 상황은 아니다. 사실 지금이야말로 그리스도인이 되기에 아주 적기다.

이런 말이 황당하게 들릴지 모른다. 테러 공격과 인종 차별, 정치적 혼란, 도덕적 구심점을 잃고 점점 세속화되어 가는 세상에 이르기까지, 우리는 유례없는 도전의 시대에 살고 있다. 공포감이 기승을 부리며 우리의 문화 전반을 잠식하고 있으며, 특히 교회 예배당에서 또아리를 틀고 그 기세를 높여가고 있다. 그리스도인과 이야기해 보라. 혹은 그리스도인이 운영하는 대다수 블로그의 분위기를 읽고 소셜 미디어의 흐름을 파악해 보라. 교회의 위상이 더 이상 예전과 같지 않음이 분명하게 드러날 것이다. 실제로 지금 교회가 처한 상황은 과거와 완전히 다르다.

무슨 말인가? 버니 샌더스Bernie Sanders가 대신 설명해 줄 것이다. 2017년 봄, 2016년 미국 민주당 대통령 후보 선거에서 돌풍을 일으킨 버몬트주 연방 상원의원 버니 샌더스는 예산 관리국 부국장 러셀 보트가 구원에 관한 전통적 기독신앙을 고수하고 있으며, 그로 인해 당연히 무슬림을 '정죄'의 대상으로 확신하고 있다는 점을 발견했다.

샌더스는 상원 인준 청문회에서 이렇게 지적했다.

"증오에 가득 찬 이슬람 혐오적 발언입니다. 전 세계 10억이 넘는 무슬림에 대한 모독입니다. … 이 나라는 그 태동기부터 모든 형태의 차별을 극복하고자 힘써 왔고 때로는 매우 고통스럽게 그 일을 감당했습니다. … 과거로 퇴행해서는 안 됩니다."

바야흐로 불신의 시대다.

서구 세계에서 그리스도인이라고 떳떳하게 나서는 사람들이 날이 갈수록 줄어들고 있으며, 그리스도인이 하루가 다르게 사회적 위상과 호감을 잃어가고 있다는 사실을 모래 속에 머리를 처박지 않는 이상 부정할 수 없다.

미국에서는 '기독교적 미국'Christian America이 사라지는 장면을 날마다 목도하고 있다. '하나님 아래 한 국가'라는 슬로건은 그 위상이 예전과 같지 않다. 많은 유럽 국가의 상황은 더 심각하다. 가히 기독교 시대의 종말이라 할 수 있다.

동성 결혼과 트랜스젠더 정체성과 같은 문제의 입법화이든, 종교적 자유의 의미나 리차드 도킨슨과 샘 해리스와 같은 '신무신론자'New Atheists의 대중적 인기에 대한 논쟁이든, 혹은 구원이나 관계나 진리에 대한 그리스도의 말씀에 동의한다고 할 때 이웃과 동료가 우리를 바라보는 태도의 문제이든, 우리는 이제 이전과 다른 새로운 시대에 살고 있다.

이 시기는 우리와 다르게 생각하고 바라보며 우리가 고수하던 신념과 다른 신념을 가진 사람들 틈에서 살아야 했던 이른바 다원주의적 사회로 이행하던 과거와는 형편이 또 다르다.

여기서 끝이 아니다. 우리는 지금 무관용의 무관용을 경험하고 있다(부디 여기에 내포된 위선을 포착하기를 바란다). 성과 결혼에 대해 '전통적인' 신념과 이해를 지닌 그리스도인들은 '광신자'로 치부된다. 교회는 '혐오 집단'으로 낙인찍힌다. 버니 샌더스와 수백만의 사람들은 우리와 믿음이 "증오로 가득하다"고 말하고, 우리 입장을 '시대착오적'이라고 비난한다.

본격적으로 불신의 시대다. 이런 세상에서 우리는 무엇을 할 수 있는가?

나는 이런 세태 속에서도 오히려 우리가 흥왕할 수 있다고 믿는다.

진심이다.

우리가 보일 반응 – 그러나 어떻게?

이런 문화적 순간을 살아가면서 우리 그리스도인은 각기 나름의 반응을 보인다. 당연히 그러해야 한다. 어떤 이들은 깊은 성찰 가운데 반응할 수도 있고, 어떤 이들은 본능에 따라 반응할 수도 있다. 혹은 교회 안의 대다수 사람들처럼 반응할 수도 있다. 어쨌든 우리는 반응할 것이고, 이런 반응은 네 가지 기본적인 접근 방식 중 하나로 나타난다. 이제부터 이 방식들을 소개할 텐데, 그러기에 앞서 이 방식 중 어느 하나도 완전히 그릇된 것은 없다는 점을 분명히 하고 싶다.

우선 세 가지 방식(이중 두 가지는 앤디 크라우치Andy Crouch의 책 「컬처 메이킹」IVP에서 차용했다)에는 문제가 있다.

첫째로, 이른바 '문화를 회심'시키는 방식이다.

이 방식은 한 국가의 문화가 성경적 원리와 가치를 반영해야 한다는 점을 가장 중요하게 생각한다. 이 방식을 지지하는 사람들은 이 일을 실현시키기 위해서라면 어떤 수고라도 기꺼이 감당할 준비가 되어 있다. 설령 부패한 정치가나 정당과 손을 잡거나 사소한 도덕적 타협을 해야 하는 상황이라도 마다하지 않는다. 특별히 최근 문제가 된 '기독교 우파'의 행태를 생각해 보라.

그러나 교회가 높은 문화적 위상을 누리지 못하는 때에 이런 방식은 결국 많은 사람을 좌절과 낙심에 빠뜨리는 결과를 낳을 것이다. 이런 조짐은 이미 나타나고 있다. 이는 교회로 하여금 세상과 싸우도록 부추기는 매우 오만한 태도인 소위 '문화 전쟁'을 고착화시킬 뿐이다. 또한 현재적 하나님 나라와 미래적 하나님 나라를 건강하게 구분할 수도 없다.

'문화의 회심'이라는 입장에 긍정적인 측면이 전혀 없다고는 할 수 없다. 이 입장의 뿌리를 추적하면 대부분 아브라함 카이퍼Abraham Kuyper와 프란시스 쉐퍼Francis Schaeffer와 같은 훌륭한 신학자들의 노력에서 그 연원을 찾을 수 있다. 나는 그리스도인이 모든 문화에 참여하며, 모든 만물을 창조하고 붙드시는 그리스도의 능력으로 문화를 변혁시켜야 한다는 점은 인정한다. 결국 그리스도는 교회의 주이실 뿐 아니라 세상의 주이시다.

그렇다. 그리스도인은 주위 사람들의 유익을 추구하고, 정의를 추구하며, 선을 사랑하고, 악을 피하도록 부름 받았다. 그러나 세상의 도성과 천상의 도성을 혼동하면 문제가 생긴다. 그리스도께서 다시 오실 때까지 이 세상은 절대 본연의 모습을 완전히 회복하지 못할 것이다. 정치를 이용해 새 예루살렘을 건설할 수 없고, 사람들을 하나님 나라의 시민이 되도록 법으로 강제할 수도 없다.

실제로 나는 지금까지 그리스도인들이 문화의 회심을 위해 타협을 묵인하고, 거룩하지 않은 동맹도 서슴지 않고 맺은 탓에

많은 사람이 교회의 메시지를 더 의심스럽게 바라보고 마음을 닫게 되었다고 생각한다. 그들을 비난하는 것은 아니다.

그렇다면 또 어떤 방식이 있는가? 둘째 방식은 이른바 '문화를 정죄'하는 식으로 불신의 시대에 반응하는 것이다. 사회는 부패하고 죄악되며 예수 그리스도의 복음과 완전히 상반되기 때문에, 세상에서 물러나 하위 문화(전체 문화의 내부에 존재하면서 독자적 특질과 정체성을 보여 주는 소집단의 문화—편집자 주)로 후퇴한 후 전반적인 전체 문화와 거리를 유지하는 방식이다.

이런 흐름은 이 세상에 살면서 도전을 받을 때 교회가 늘 보여 주었던 방식 중 하나였다. 수도원의 부상이나 재세례파 운동의 여러 양상에서 이런 태도를 볼 수 있다. 오늘날에는 그리스도인에게 자신만의 하위 문화를 창출하도록 부추기고, 점점 비기독교화되고 반기독교화되는 전체 문화를 외면하는 블로그와 책에서 이런 모습을 찾아볼 수 있다. 이런 태도는 어떤 면에서 아름답고 존경스러운 측면이 분명히 있다. 하나님은 자기 백성에게 성결을 요구하신다. 성경은 교회가 세상과 구별되어야 한다는 점을 분명히 명시한다. 우리는 소금이 되어야 한다. 다른 맛을 내어야 한다.

개인적으로 이런 태도의 우려스러운 점은 이런 사고가 그다지 성경적이지 않다는 것이다. 우리는 '세상의 소금'이어야 한다

(마 5:13). 소금은 음식을 보존할 목적으로 사용된다. 음식의 맛이 변하지 않게 하는 역할을 한다.

소금은 또 맛을 확산시키는 역할을 한다. 실제로 우리 손에 흙을 묻히고 그리스도의 복음을 드러내고 전해야 할 때가 있다. 이 일을 감당하기 위해서는 서로 만나야 하고 교류해야 한다. 지역 공동체와 '공공 광장'에 참여해야 한다. 구약의 하나님 백성이 이방 땅에서 포로 생활을 할 때 '바벨론 성읍의 평안을 구하라'는 요청을 받았다면(렘 29:7), 우리 역시 우리 성읍의 평안을 구해야 마땅하다.

무엇보다 우리 주변이 아무리 하나님을 모르는 비신앙적인 환경이라 해도, 그곳이 바벨론은 아니다.

사실 우리가 음식이나 과학 기술에 대해서 이야기하든, 음악이나 다른 오락에 대해서 이야기하든, 이런 피조물을 하나님보다 더 높이지 않고 적재적소에 있게 하는 한, 하나님은 우리에게 그 모든 것을 선물로 누리도록 하신다. 이런 것들을 회의적으로 바라볼 수는 있지만 두려움의 대상으로 바라볼 필요는 없다. 문화는 악의 근원이 아니다. 인간의 마음이 악의 근원이다(막 7:18-23). 그러므로 문화를 배척한다고 죄를 몰아낼 수는 없다.

포스트 기독교 문화post-Christian culture에 대한 셋째 주요 방식은 여러모로 가장 매력적이고 광범위하지만 가장 두렵게 여겨지는 방식이다. 그것은 최신 경향을 따르는 입장, 즉 '문화를 소비'하는 방식이다. 이런 방식에서는 문화와 역사적 기독교의 교훈이 불일치하는 지점마다 기독교적 교훈이 문화에 수용당하는 사태가 벌어진다. 포스트 기독교 시대post-Christian age에 여전히 세상 속에서 그 역할을 유지하고자 한다면 조금이라도 기독교적 색채를 유지해야 하지 않겠는가?

대부분의 경우 이런 입장에 서는 사람들의 출발점은 상당히 좋다. 우리가 자주 무시하는 사회적 문제에 대해 확고하고 분명하게 입장을 밝힌 성경 구절을 찾아보고, 신앙과 문화의 관계를 수용하고자 하는 선한 의도로 시작한다. 맨해튼을 중심으로 사역하는 목회자 팀 켈러Tim Keller는 그의 저서 「센터처치」두란노에서 그러한 입장에 대해 이렇게 비평한다.

> 이 모델은 기독교가 주변 문화와 근본적으로 양립이 가능하다고 본다. 이 모델을 수용하는 사람들은 기독교와 명시적 관계가 전혀 없는 문화 운동 속에서 하나님이 구속 활동을 하고 계신다고 믿는다.

문화를 지나치게 중시하고 복음을 소홀히 하며, 나아가 사회 정의를 지상 과제로 삼기 시작하면 문제가 생긴다. 그러면 실제

복음 자체에 대한 관심 이상으로 복음의 결과적 영향력에 더 많은 관심을 기울이는 사태가 벌어진다.

'문화 소비' 방식을 지지하는 이들은 성경보다 문화를 우선시하며 신앙의 중요한 측면들을 무시하고 타협한다. 이들은 점점 더 세상을 닮아가고, 그리스도인으로서 본질적 면모는 점점 더 상실한다. 그리스도의 말씀이 아니라 문화의 목소리가 교회를 지배하게 되면, 더 이상 교회는 교회일 수 없다. 그것은 문화적 최신 유행을 따라가는 데 필사적인 사교 모임이나 진배없다. 역설적으로 이런 방식은 교회의 문을 닫게 하는 가장 확실한 지름길이다. 세상이나 사회와 전혀 구분되지 않는 교회에 굳이 왜 다니려 애를 쓰겠는가?

이런 세 가지 방식, 즉 문화를 '회심'시키거나 '정죄'하거나 '소비'하고자 하는 방식은 서로 매우 이질적이지만 중요한 측면에서 한 가지 공통점이 있다. 바로 공포심이 그 근저에 자리하고 있다는 점이다.

'문화 회심' 방식을 지지하는 진영의 사람들은 그들 고유의 문화를 상실할까 봐 두려워한다. 문화 전쟁을 지속하기 위해 필연적인 타협을 하지 않는다면 교회가 번성할 수 없고 심지어 생존 자체가 힘들어질 것이라는 공포심을 가지고 있다.

'문화를 정죄'하는 진영의 사람들은 문화가 그들과 교회를 타락시킬까 봐 두려워한다. 문화와의 어떤 관계도 교회를 오염되게 하고 결국 병들게 할 것이라고 생각한다.

'문화를 소비'하는 진영에 속한 사람들은 교회가 사회에서 인정받지 못하고, 그로 인해 포스트 기독교 문화에 심취한 이들에게 아무런 영향을 미치지 못하게 될까 봐 두려워한다. 따라서 교회에 미래가 있기 위해서는 문화에 뒤처지지 않아야 한다고 생각한다.

제4의 대안

지금쯤이면 이 책에서 권장하는 입장이 문화의 회심이나 정죄 혹은 소비를 옹호하는 어느 쪽도 아니라는 점을 알아차렸을 것이다. 이제 제4의 대안을 제시하고자 한다.

여기서 내가 제시하고자 하는 것은 전략보다는 입장에 더 가깝다. 우리의 마음을 사로잡고, 그리스도인으로서 불신의 시대를 대하는 우리 반응의 대부분을 좌우하는 두려움을 다루고 싶은 것이다.

독자들이 이 책을 읽고 용기를 얻었으면 좋겠다.

주위를 둘러보며 그리스도인으로 살기에 더없이 좋은 시대라고 생각하도록 해줄 입장이 있음을 알려 주고 싶다.

이는 9·11 이후의 포스트 기독교post-Christian, 포스트 모던postmodern, 포스트 모든 것post-everything의 세상을 살아가는 그리스도인에게 가장 필요한 입장이다. 우리 마음을 마땅히 두어야 할 곳에 두지 않고 엉뚱한 데 희망을 건다면, 어떤 시도를 하더라도 장기적이지 못할 것이고 엉뚱한 결과를 낳을 것이다.

그러므로 이 책은 진정한 용기를 어디서 얻고 어떻게 하면 그 용기로 살아갈 수 있을지에 대해 다룰 것이다. 하나님이 주시는 거대하고 위대한 용기가 있다면, 우리는 거침없이 하나님의 백성이 되어 하나님의 소명을 삶으로 살아내며 하나님이 주시는 기쁨을 만끽할 수 있으리라 확신한다.

용기를 내면, 지금의 이 역사적 순간을 두려움과 공포가 아니라 희망과 기회에 대한 설렘으로 바라볼 수 있을 것이다.

용기를 내어 시선을 바꾸면, 오늘날과 같은 문화적 시기에도 위축되거나 분노하거나 두려움에 떨지 않고 오히려 기대감으로 흥분이 끓어올라 용기백배하게 될 것이다.

불신의 시대라도 문제없다. 교회는 이런 시대에도 흥왕할 수 있다.

그리스도가 주는 용기만 있으면 된다.

힘을 내자.

02
중심에서 주변으로 밀려나는 오늘날의 교회

이 시대가 불신의 시대인 까닭은 기독교 국가Christendom의 쇠퇴기에 있기 때문이다. 이 부분은 어떤 면에서 긍정적인 측면이 있다.

우리는 인류 역사상 하나님의 백성에게 가장 특별했을지 모르는 시기를 떠나보내고 있다. 인류 역사 속에 등장했던 하나님의 백성과 세계 곳곳의 그리스도인을 살펴보면, 우리가 문화와 정치적 권력의 중심부에 있었던 적이 거의 없었음을 확인할 수 있다. 우리 믿음의 선조들은 거의 항상 사회의 주변인이었다. 실제로 교회는 기독교 신앙을 압살하고자 했던 로마 제국의 토양 속에서 뿌리내리고 성장했다. 그들은 초대 그리스도인들을 사자의 밥으로 던져 주거나, 감옥에 가두거나, 거꾸로 십자가에 못 박고 산 채로 물에 끓여 죽이기까지 했다.

우리 자신을 2세기 그리스도인의 위치에 빗대어 "이봐, 500

여 년 후면 우리 담임 목회자들은 궁궐 같은 곳에서 살 것이고, 교회 지도자들은 각종 세금과 의무에서 면제받는 특권층이 될 거야. 주변 사람들은 너나 할 것 없이 모두 그리스도인임을 내세울 거야"라고 말한다면, 사람들은 미쳤다고 생각할 것이다. 구약과 신약 시대, 그리고 그 이후의 수세기에 이르기까지 하나님의 백성을 살펴보면, 그리스도인은 언제나 사회의 주변인에 지나지 않았다.

그러다가 모든 것이 달라졌다.

여기서 잠깐 역사적 내용을 간략히 복기할 필요가 있다. 4세기 전반부에 장차 황제로 등극하게 될 콘스탄티누스가 기독교로 개종하는 일이 있었다. 이때는 그가 로마 제국의 절반인 서쪽 지역에 대한 실권을 차지하기 직전이었다(후에 그는 동쪽 절반도 차지하게 된다). 그리스도에 대한 믿음을 고백하고 예수를 '주'라 부른 최초의 로마 황제인 콘스탄티누스는 제국 내 그리스도인들이 우대받는 정책을 시행하는 데 힘썼다.

4세기 후반에 이르자 기독교는 로마 제국의 공식 종교가 되었다. 주교들은 황제의 명령으로 사자의 밥으로 던져지는 대신, 하루아침에 황제에게 자문을 제공하는 지위로 급부상했다. 긍정적인 면에서든 부정적인 면에서든, 4세기에는 기독교 교회와 로마 제국의 밀월 관계를 눈앞에서 목도할 수 있었고, 공식적인 기독교 왕국이 태동하게 되었다.

그 이후로 몇 세기 동안 기독교 신앙은 계속 확산되어 심지어 로마 제국의 통치 영토를 넘어선 곳까지 전파되었다. 유럽, 러시아 전역이 기독교 신앙권에 편입되었고 결국에는 아메리카도 포함되기에 이르렀다. 세기 말에 이르러 교회와 국가가 공식적으로 분리된 시점에도 세계 곳곳에서 기독교는 국교로서의 위상을 누렸다. '서구 세계'로 알려진 세계는 본질적으로 기독교 왕국이었다.

기독교 국가의 등장과 교회의 변화

역사에 관심이 있었거나, 수업 시간에 기독교 국가라는 말을 들어보았는지 모르겠지만, 기독교 국가로서의 위상에 모두 긍정적이고 즐겁고 밝은 측면만 있었던 것은 아니다. 세상의 절반 이상이 그리스도 신앙을 고백할 정도로 성령의 놀라운 역사가 일어났음에도 불구하고(하나님이 이 시기를 이용해 교회를 성장하게 하셨음을 부정하지는 않는다), 기독교 국가에는 항상 취약하고 어두운 측면이 있었다.

「포스트 기독교 국가 사회」*Post-Christendom: Church and Mission in a Strange New World*에서 스튜어트 머레이Stuart Murray는 기독교 국가를 긍정적인 면으로든 부정적인 면으로든 이해하도록 하는 데 일조한다.

여기서는 그가 검토한 기독교 국가의 표지 중 네 가지 측면을 특별히 소개하고자 한다.

첫째, 기독교 국가가 형성되면서 이른바 '기독교 문명'이 등장하기 시작했다. 세계는 여러 범주로 구분되었다. 기독교 국가가 있으면 다음으로 이교도나 야만인들이 존재하는 식이었다. 이런 구분은 점차 지리적 위치를 기반으로 이루어지게 되었다. 기독교 국가에서 태어나는 사람은 자동으로 그리스도인으로 인정받았다. 그래서 1400년경에 프랑스에서 태어난 사람은 자동으로 그리스도인이 되지만, 중국에서 태어나면 이교도가 되었다. 그때는 그랬다.

둘째, 교회는 사회 주변부에서 이동해 정치 문화 권력의 중심이 되었다. 대부분의 역사 속에서 주변인으로 핍박과 억압과 추방의 대상이었던 하나님의 백성은 이제 내부자로서 권력과 명성을 누리게 되었다. 교회 지도자들은 엄청난 영향력을 구가했고 거대한 부를 축적했다. 그들은 한 사회의 윤리를 주도하였고 해당 국가의 정치적 풍토를 좌우하는 존재가 되었다.

한때 교회와 국가 간에는 큰 거리가 있었지만 이제 부부 사이와 같은 밀착 관계가 형성되었다.

셋째, 일요일이 공식적인 휴일로 자리 잡았고 교회 출석은 최소한의 사회적 의무가 되었다. 그렇다고 주일학교에 참석하지 않으면 경찰이 가정을 급습해서 체포하는 식의 강제적 의무는 아니었다. 물론 16세기 후반 영국에서는 해당 국교회에 결석하는 일수가 많을 경우 이런 일이 벌어진 적은 있었다. 하지만 결론적으로 강조하고 싶은 말은, 교회에 소속되지 않은 데 따른 문화적 차별이 있었다는 말이다.

20세기 중후반의 미국에서 이것은 확실한 사실이었다. 그 당시 인정받는 성공한 사업가라면 당연히 제일 침례교회나 제일 감리교회에 출석하는 교인이었다. 지역 사회에서 존경받고 싶다면 반드시 교회에 소속되어야 했다. 그렇지 않을 경우 이교도로 낙인찍혔을 것이고, 사람들은 그가 자동차를 수리하거나 식료품을 파는 것조차 꺼렸을 것이다.

넷째, 기독교 국가는 교회의 사역 방식에도 변화를 가져왔다. 이른바 평신도와 성직자(전문 사역자)의 구분이 이루어진 것이다. 이 문제는 1500년대와 1600년대 종교 개혁가들이 애써 노력해도 해결하지 못했다. 교회는 점차 교회 일을 전담하는 유급 전문가들을 갖춘 기관으로 변질되었고, 그 외 나머지 사람들은 그냥 교회에 출석하는 것에 만족했다.

오늘날 우리는 이런 구분을 당연시하지만, 초대 교회에서는 성직자와 평신도의 구분이 존재하지 않았다. 이런 구분이 생기기 전에, 이 땅에서 목격한 운동 중 세상을 놀랍게 변화시킨 가장 강력한 운동 중 하나로, 복음을 선포하고 알리며 제자 삼은 선교 운동이 있었다. 역사가 로드니 스타크Rodney Stark는 기독교 국가가 생기기 직전인 주후 350년경에는 신앙에 따른 사회적 추방과 물리적 위험에도 불구하고 로마 제국에 살고 있는 이들 중 51퍼센트가 그리스도를 왕으로 고백했다고 추정한다.

이런 통계는 의미심장하다. 거대한 박해의 시기에 이런 성장이 이루어졌다는 사실은 우연의 일치가 아니다. 그러나 일반적으로 정부가 굴복시키고 무너뜨리려 할수록 기독교는 더욱 번성한다(예외적인 경우도 있지만 기본적인 흐름은 이러하다). 우호적인 지분을 많이 받을수록 기독교는 더 쇠약해지고 정체되며 허약해진다. 즉, 순수한 선교적 관심이 사라지고 교회가 직업화되어 간다.

힘의 약화

기독교가 힘들게 고투하며 세력을 형성하지 못한 시기가 분명 있었음에도, 미국을 비롯한 유럽 전역에서 기독교는 대략 1400년 동안 기독교 국가로서 전성기를 구가했다. 이후로 기독교 국가는 힘이 약화되기 시작했는데, 무엇보다 계몽주의의 발흥이 그 원인이었다.

'계몽주의'는 특정한 사건이 아니라 18세기에 지식인 엘리트들을 중심으로 전개된 일종의 운동에 더 가까웠다. 18세기는 유럽 전역의 철학자와 사상가들이 당시의 일반적 통념에 도전하고 정치, 사회, 종교에 대한 새로운 사상들을 토론하기 시작한 시기였다.

계몽주의Enlightenment라는 명칭을 감안할 때, 기독교 국가가 암흑기에 접어들기 시작한 때가 바로 계몽주의 시대였다는 사실은 역설적이다. 그 이유는 (계몽주의 운동에 대해 여기서는 대략 세 단락으로 요약해 설명하겠다) 계몽주의 사상가들이 제임스 K. A. 스미스James K. A. Smith의 용어를 빌리자면 인간을 '뇌만 있는 존재'brains on a stick로 보았기 때문이다. 다시 말해서 인간의 이성(그리고 지성)이 최고라는 말이다. 우리 눈으로 관찰한 것이 전부이고, 이성으로 추론한 것만이 옳다는 사상이다. 초자연 세계는 없다. 혀로 맛보거나, 눈으로 보거나, 손으로 만지거나, 귀로 듣거나, 코로 냄새 맡을 수 없는 것은 존재하지 않거나, 적어도 삶의 방식을 고민할 때 전혀 중요하지 않았다.

수많은 계몽주의 사상가들이 여전히 신의 존재를 믿기는 했지만, 이러한 사상적 흐름은 하나님이 더 이상 실재의 중심이 되지 않는(인간이 중심이 되는) 삶의 방식을 낳았다. 17세기 철학자 르네 데카르트René Descartes의 유명한 말, "나는 생각한다. 고로 존재한다"는 계몽주의를 대표하는 일종의 범퍼 스티커, 즉 슬로건 역할을 했다. 옳고 선하고 아름다운 것에 대한 개인의 의식은 보통 개인의 뇌, 이성, 자아에서 시작되고 끝난다는 것이다. 인류의 모든 병폐는 인간의 이성에서 해결책을 찾을 수 있다. 인간의 이성으로 모든 잘못된 것을 고친다. 믿음에 대한 이성의 승리였다.

계몽주의 사상은 어떤 면에서 종교적 자유, 인간의 권리, 관용에 큰 진전을 가져다주었다. 오늘날 우리는 이런 가치들이 당연하다고 생각하지만, 계몽주의 운동이 남긴 이런 유산들에 대해 마땅히 감사하는 마음을 가져야 한다. 이런 가치들을 수호하고 대변하는 것은 교회가 해야 했지만(여전히 오늘날에도 그러해야 한다), 계몽주의가 이 일을 떠맡은 사실은 애석하고 유감스럽다.

계몽주의 사상의 또 다른 영향으로 기독교 국가가 쇠퇴하기 시작했다. 얼마 후 교회는 도덕과 윤리적 행위의 수호자 자리에서 밀려나게 되었다. 1400년 만에 처음으로 문화적 영향력을 발휘하는 이들 중 일부가 "교회가 선과 악을 결정해서는 안 된다. 우리가 우리의 이성을 이용해 직접 선과 악을 결정하겠다"라고 말하기 시작했다.

거대한 변화였고 오늘날 우리는 이 불신의 시대에 그 영향력을 온몸으로 느끼고 있다.

교회와 개인

인생의 중심으로서 인간을 강조했다는 측면에서 계몽주의는 근대의 개인주의, 물질주의, 소비주의의 뿌리였다고 할 수 있다. 이런 개의주의나 물질주의와 소비주의는 사람들이 교회에서 이탈하도록 이끌었을 뿐 아니라, 교회 자체에도 큰 영향을 미쳤다. 즉 사람들이 교회를 이해하는 방식과 교회가 작동하는 방식에 심각한 영향을 준 것이다.

사람들은 기본적으로 교회를 그리스도의 몸을 이루며 하나님을 섬기는 곳이 아니라, 소비주의적 관점에서 우리를 돕고 봉사하며 우리의 필요를 충족시켜 주는 곳으로 인식하기 시작했다. 그래서 교회는 우리 인생을 헌신해 세워야 할 대상이 아니라, 점점 선택의 폭이 커지는 생활과 여가의 메뉴판에 오른 하나의 선택사항이 되었다. 우리 역시 그럴지 모른다. 물론 아닐 수도 있지만, 하나님의 교회와 하나님의 이름을 위한 헌신은 남은 인생에 부차적인 관심사가 되었다.

물론 누구도 이런 말을 직접 입으로 뱉지는 않을 것이다. 하지만 이런 식으로 생각하는 경우는 많다. '이번 토요일에는 아무것도 하지 않으려고 해. 그날 교회에서 예배가 있던데…. 이렇게 하자. 아이들을 데려다주고 교회에서 시간을 때우는 거야. 음악이 좋잖아. 설교하는 목사님도 재미있어. 잔소리를 늘어놓으면 신경 끄고 핸드폰을 갖고 놀면 돼. 우리로서는 야간 데이트를 하는 기분도 좀 나고. 자유롭잖아."

불행하게도 교회는 이런 식의 소비주의적, 개인주의적 신앙 모델에 영합해 왔다. 설교와 종교 서적들은 하나님의 성품과 본성과 성경 자체에 대한 비중을 줄이고 우리 생활을 개선하거나 향상시킬 방법에 더 많은 시간과 지면을 할애했다. 하나님과 그분의 이야기를 중심으로 인생을 설계하기보다 우리의 인생 이야기에 하나님을 끼워 맞추는 중심축의 변화가 이루어져 왔다. 이는 크리스찬 스미스Christian Smith가 말한 이른바 '도덕주의적이고 심리요법적인 이신론'moralistic-therapeutic deism이다. 그것은 우리 자신의 만족감을 충족하기 위해 선한 사람이 되고자 하는 종교이며, 툭하면 하나님의 이름을 입에 올리지만 실제로 그분은 우리와 무관하게 멀리 어딘가에 있는 존재일 뿐이다.

결국 지역 교회는 다른 지역 교회들과 경쟁하는 종교 시장에 편입되는 결과가 벌어진다. 우리는 사명을 맡은 자로서 사람들이 그리스도를 알아가며 자라가기를 바라기보다, 다른 교회에서 성도들을 데려오는 잿밥에 관심을 갖는다. 그러면 상황은 우리 의도와 다르게 전개되고, 교회는 점점 더 세상의 모습을 닮아가게 되어 그리스도의 모습에서 더욱더 멀어지게 된다. 결국 우리는 커피숍을 찾듯이 교회를 찾고, 의자의 버튼만 누르면 누군가 나타나서 커피 한 잔을 대령하는 식의 지경이 되고 만다. 볼일이 끝날 즈음이면 우리는 자리에서 일어나 자녀들을 태운 다음 다시 집으로 돌아간다. 물론 이것은 어느 정도 과장스러운 표현이다. 하지만 그렇다고 그리 심한 과장은 아니다.

중심에서 변방으로

그러나 상황은 여기서 끝나지 않는다. 이제 우리는 그리스도를 주로 고백하는 사람들이 날로 줄어들고, 그리스도와 그분의 백성에 대해 적대감을 드러내는 사람들이 점점 더 늘어나는 사회에 살고 있다. 이런 상황 속에서, 아무리 휘황찬란한 무대를 꾸미고 멋진 어린이용 오락 시설을 갖춘다 하더라도, 이렇게 시대에 뒤떨어지고 우스꽝스러워 보이는 모임이라면 사람들의 관심을 계속 유인할 수 없을 것이다.

교회는 문화적, 정치적 권력을 누리던 자리에서 쫓겨나 점점 더 주변부로 밀려나고 있다. 유럽은 이미 수십 년 동안 이런 변화들을 체감해 왔고, 이제 미국은 전역에서 이런 변화를 본격적으로 목격하고 있다.

단언하건대 우리가 인정하든 그렇지 않든, 우리는 주변부로 밀려나고 있다.

여러 면에서 사실 우리는 이미 주변부에 있다.

이런 변화가 얼마나 급진적이고 신속하게 벌어지는지 알 수 있는 한 예를 소개하겠다. 바로 트루엣 캐시와 그의 아들 댄 캐시의 사례다. 그들은 각기 칙필레Chick-fil-A라는 패스트푸드 체인점의 창업자이고 현 최고 경영자다. 그들은 예수 그리스도를 사랑하는 사람들로서 전 세계에서 요구되는 온갖 필요들에 대해 수백, 수천 달러를 후원하고 있다.

한 기독교 잡지와의 인터뷰에서 댄 캐시는 사업 모델이 무엇이냐는 질문을 받고 이렇게 대답했다.

"우리는 성경적 가족 개념을 지지하고 찬성합니다. 우리는 가족이 소유한 기업이자, 가족이 경영하는 사업체로서, 결혼한 아내와 지금까지 부부 관계를 유지하고 있습니다. 그렇게 해주신 하나님께 감사드립니다. 모두가 다 좋아하지는 않겠지만, 우리의 가치를 나누고 성경적 원리에 따라 경영할 수 있는 나라에 살게 해주신 주님께 감사드립니다."

댄의 인터뷰 내용은 곧 온 미디어에 대서특필되었고 사람들은 분노했다. 후속 인터뷰에서 그는 결혼에 대한 견해가 무엇이냐는 질문을 받았다(충심에서 하는 말이지만 절대 후속 인터뷰는 하지 마시라). 그는 이렇게 대답했다.

"주먹을 흔들며 '결혼 생활이 어떤지는 당신보다 우리가 더 잘 알아'라고 말한다면 우리나라는 하나님의 심판을 초래할 것이라 생각합니다. 대담하게 결혼 생활을 스스로 정의해야 한다고 생각하는 이렇게 오만하고 교만한 우리 세대를 하나님이 긍

흌히 여겨 주시기를 기도합니다."

생각할 줄 아는 이성적 사람이라면 누구라도 댄의 대답을 듣고 각자의 판단을 내릴 수 있다. 그 의견에 동의할 수도 있고 동의하지 않을 수도 있다. 하지만 그를 증오와 편견에 사로잡힌 사람이라고 비난해서는 안 된다. 절대 그래서는 안 된다. 그러나 많은 사람이 그렇게 반응했다.

칙필레 직원이 되는 조건으로 그리스도인이 되기를 요구하거나, 특정한 성적 지향이나 선호를 가져서는 안 된다고 요구하지 않았음에도 불구하고, 또한 어떤 차별도 없이 동일하게 모든 사람을 향해 사랑과 봉사의 정신을 실천하는 회사라는 조사 결과에도 불구하고, 칙필레 전체가 혐오 단체로 매도당하기 시작했다.

소셜 미디어에서는 한바탕 난리가 났다.

실제로 직접 항의하는 이들이 등장했다.

거의 모든 메이저 신문사가 이 레스토랑 프랜차이즈에 대해 매우 비판조의 사설을 게재했다.

그러자 정치인들이 비판에 가세했다.

램 에마누엘 시카고 시장은 "칙필레의 가치는 시카고의 가치가 아니다"라고 말했다.

필라델피아 시의회 의원인 제임스 케네디는 댄의 인터뷰를

'증오 연설'이라고 비난했다.

토마스 메티노 보스턴 시장은 보스턴에 칙필레 체인점 개설을 일절 허락하지 않겠노라고 밝혔다.

시카고 부시장 조 모레노는 인근에 칙필레가 레스토랑을 개점하려고 하면 절대 허락하지 않겠다고 호언장담했다.

에드 리 샌프란시스코 시장은 칙필레 체인점이 샌프란시스코 40마일 이하로 근접하지 못하도록 하는 안을 추진하고 싶다고 말했다. 마치 고등학교에서 같은 반 학우를 때리겠다고 위협하는 학생이 하는 말 같지 않은가.

아마 10년 전 미국이라면 이런 일은 뉴스거리가 아니었을 것이다. 그러나 상황이 달라졌다. 문화가 변했다. 교회는 또다시 주변으로 밀려나고 있다. 우리로서는 정말 마음이 불편하지 않을 수 없다.

그러나 나는 기독교 국가의 종말을 가슴 아프게 생각하지는 않는다.

오히려 적극 환영한다.

그 이유가 있다.

신기루가 아닌 진정한 번성

첫째, 교회는 주변부에 있을 때 번성한다. 지금의 문화적 순간을 비관적으로 볼 것이 아니라 오히려 흥미진진한 마음으로 보아야 할 이유가 여기에 있다. 나쁜 소식이 아니다. 좋은 소식이다. 이제 우리는 최고의 번영을 누렸던 지점으로 다시 돌아가고 있다.

둘째, 기독교 국가가 본질적으로 허상에 지나지 않았음을 파악하기 위해 꼭 필요한 시각을 얻을 수 있다. 기독교적 아메리카, 혹은 그런 류의 기독교 국가 따위는 존재하지 않는다.

나는 미국이라는 나라를 대부분 그리스도인들이 건국했고, 건국의 정신이 여러 핵심적 기독교 신앙에 토대를 두었음을 분명히 믿는다. 미국 역사의 상당 기간 많은 이들이 이런 건국 정신을 고수했다. 이 점에 대해서는 이견의 여지가 없다. 우주의 창조주께서 피조물이 작동할 최선의 방식을 알고 계신다고 믿기 때문에, 나는 우리의 신앙이 이 나라 경영에 필요한 최고의 틀을 제공한다고 생각한다. 물론 다른 나라들도 마찬가지다.

그러나 미국의 역사를 살펴보면 (기독교 국가라고 하는 다른 나라도 마찬가지지만) 미국이 진정으로 '기독교적'인 나라였는지 입증하기가 어렵다. 물론 누구나 빠짐없이 그리스도인이라고 자처하며 일요일마다 교회에 다니던 시기가 있었다. 이른바 '하나님의 국가'God and country라는 개념이다. 그러나 미국은 명색이 기독교 국가였음에도 불구하고 아메리카 원주민 대량 학살 시도, 노예제, 짐 크로 인종분리법 등 수없이 많은 잘못을 저질렀고 우리는 이에 대해 참회해야 한다.

"매드맨"Mad Men과 같은 드라마가 매우 유익하고 교훈적이라고 생각하는 한 가지 이유가 여기에 있다. 이 드라마에는 1960년대 한 광고 회사가 집중적으로 등장한다. 특히 이 회사의 껄렁해 보이지만 똑똑한 크리에이티브 디렉터 돈 드레이프는 아메리칸 드림이 허상에 불과함을 드러낸다. 드라마는 당시 사회를 현재 우리가 살고 있는 세상과 하등 다를 바 없는 곳으로 묘사한다. 특히 당시 인종 차별과 성차별이 만연했던 점을 감안하면 더 끔찍할지 모른다.

여기에 등장하는 남자들은 아내 몰래 바람을 피운다.

직장에서 정직하게 일하지 않는다.

출세하고 탐욕과 욕망을 충족시키기 위해서라면 물불을 가리지 않는다.

여자들이라고 다르지 않다. 여자들 역시 출세하기 위해 사기를 친다.

남자들에게 육탄 공세를 벌인다.

자녀들을 무시한다.

친구들에 대해 험담하고 수군거린다.

"매드맨"은 '기독교적'이었으리라 생각되는 시대에 대한 우리의 막연한 동경에 찬물을 끼얹는다.

나는 미국이라는 나의 고국을 사랑하고 미국에서 성장하고 가정을 꾸리게 된 것을 주님의 축복이라고 생각한다. 하지만 솔직히 말해 이 나라가 '기독교적인 나라'였다고 자신 있게 말할 수는 없다. 기독교 국가의 종말로 인해 우리는 이제 과거의 미국을 있는 그대로 볼 수 있다. 이 불신의 시대보다 더 거룩하지도 혹은 더 악하지도 않았다는 사실을 말이다.

셋째, 기독교 국가가 막을 내렸다고 애석하게 여기지 않는 이유는 실제로 그리스도인이 아니면서 그리스도인이라 자처하는 이들이 많았다고 생각하기 때문이다. 그들이 소위 '그리스도인'인 이유는 텍사스에서 태어났거나, 부모가 교인이거나, 회심 요청에 강대상 앞으로 걸어 나간 적이 있거나, 세례를 받았기 때문이다. 그들은 예수 그리스도의 통치에 삶을 내어드린 적이 없다. 그럼에도 그 문제는 그들의 중요한 관심사가 아니었다. 그들이 그리스도인인 이유는 기독교 클럽에 속해 있기 때문이고, 실제로 활동은 하지 않지만 여전히 적을 두고 있기 때문이다. 그런다고 하나님이 그들을 축복해 주시고, 천국으로 맞아 주실까?

이런 것을 명목적 신앙nominalism이라 부른다. 명목적 신앙은 하루가 다르게 자라 기독교 국가의 토양에 깊숙이 뿌리내린 잡초와 같다.

나는 이런 이상한 시대의 종말로 인해 이 명목적 신앙이라는 문제가 해결되리라 생각한다. 기독교의 주변화는 사람들이 이렇게 깨닫도록 도와줄 것이다. "아니, 사실 나는 예수님한테 관심이 없어. 그냥 교회에 가면 재미있다고 생각했지. 일종의 취미 생활 같은 거였어. 그리스도가 내 마음에 계시지 않았어. 그냥 친구들과 농구를 하며 놀 곳을 찾았을 뿐이야."

기독교가 중심부에서 주변부로 물러남으로, 우리는 우리의 진정한 사랑과 충성의 대상이 어디인지 확인할 수 있다.

왜냐하면 이런 시대를 살아가는 우리는 이전처럼 대접받고 존경받는 입장은 고사하고, 편협한 사람이라는 세간의 인식에 익숙해져야 하기 때문이다. 직장이나 스포츠 동아리, 나아가 거의 모든 곳의 사람들이, 삶과 죽음과 결혼과 성에 대한 우리 시각을 보고 칙필레의 댄 캐시에게 반응한 것처럼(분노, 조롱, 심지어 인신공격까지) 반응할 수 있음을 깨달아야 할 것이다.

우리는 기독교 국가의 수명이 다했다는 사실을 받아들여야 한다. 이 나라의 많은 곳에서(서구의 거의 모든 곳처럼) 그것은 이미 종말을 고했다. 우리는 이 사실이 괴로운 일인 동시에 좋은 일이라는 사실을 받아들여야 한다.

용기를 얻는 법

지금까지 오늘날 그리스도인들이 처한 현실을 살펴보고, 이런 현실에 처한 우리 처지를 비관할 필요가 없는 이유를 다루었다. 그러나 이런 불신의 시대에 그리스도인으로서 신실하게 열매 맺는 삶은 자동적으로, 혹은 우연히 이루어지지 않는다.

용기를 내서 살아가야 한다.

말은 쉽지만 행동하기는 어렵다. 무엇보다 깜깜한 어둠 속에서 용감하기란 어렵다. 그러나 스스로가 용감하다는 사실을 확인할 수 있을 때는 어둠 속에 있을 때뿐이다. 환한 대낮에는 누구나 강한 사람처럼 흉내 낼 수 있다.

우리와 우리의 교회가 용감해지기를 원한다. 기독교 국가 이전의 교회에는 무서운 불로도 끌 수 없고, 사자의 위협 앞에서도 찢어 없앨 수 없는 용기를 지닌 사람들로 가득했다. 그들은 평범한 사람들이었지만 한마음으로 거침없이 교회를 세우고 확장시켰다.

기독교 국가는 끝났지만, 우리는 하나님의 은혜로 그 용기를 다시 발견할 수 있고, 그 사명을 다시 회복할 수 있다. 그리고 그 일은 나와 당신으로부터 시작된다. 기독교 국가의 쇠퇴 속에서 우리는 두려움에 굴복하지 말고 용기를 내어 발걸음을 내디뎌야 한다. 그 용기는 우리 스스로 짜내고 우리 힘과 노력으로 유지하는 용기가 아니라 주님이 주시는 용기이며, 우리로 계속 주를 부르도록 해주는 용기다.

03
하나님만이 주실 수 있는 거대한 용기를 경험하라

용기는 말은 쉽지만 행동으로 실천하기가 훨씬 더 어렵다. 용기 있게 살기보다는 이런저런 두려움에 쫓겨 살기가 언제나 훨씬 더 쉽다.

그러나 두려움으로는 절대 어떤 긍정적인 변화도 이끌어낼 수 없다. 두려움으로는 교회가 절대 견고하게 서 있지 못한다. 두려움은 절대 기쁨을 낳지 못한다. 두려움으로는 주변부에서 긍정적인 확신 가운데 신앙을 지키며 살 수 없다.

그래서 우리는 쓰레기통 비우듯이 두려움을 버리고 그 자리를 용기로 채워야 하는가?

아니다.

제임스 닐 헐링워스James Neil Hollingworth는 암브로스 레둠Ambrose Redoom이라는 가명으로 이렇게 쓴 적이 있다.

> 용기는 두려움이 없는 상태가 아니라, 두려움보다 더 중요
> 한 무엇인가가 있다는 판단이다.

너무나 유익한 지적이다. 흔히 용기란 두려움이 없는 상태라고 생각한다. 하지만 사실이 아니다. 두려움이 없다면 용기도 있을 수 없다. 두려움을 느껴야 용기를 낼 수 있다.

진정한 용기는 불안하거나 걱정스럽고 초조할 때 드러난다. 상황을 어떻게 타개해 나가야 할지 막막한 가운데서도, 두려움보다 더 소중하고 중요한 무엇이 있음을 알게 될 때 진정한 용기가 발휘된다. 그러므로 두려움을 느낀다 하더라도 그 두려움에 내몰려 행동하지 않으며, 다른 무엇인가에 인도함을 받게 된다. 우리를 이끌어 가는 다른 무엇인가가, 우리가 두려워하는 것보다 더 중요한 무엇인가가 있기 때문에 용기를 내어 걸음을 내딛는다.

역사적으로 교회가 문화를 지배하는 것처럼 보이던 기독교 국가 시대에 우리는 이른바 '도덕적 다수'에 속해 있었다. 문화가 우리를 지지한다는 것을 한 치의 의심 없이 믿으며 담대하게 굳건히 서 있었다. 우리는 이렇게 말할 수 있었다. "이건 정말 나쁜 일이야. 문화의 90퍼센트가 가는 방향이라면 네가 맞아. 이건 나쁜 일이야." 여러 면에서 그 시절에는 용기가 거의 필요 없었다.

하지만 이제 그런 시절은 오래 전에 사라졌다.

우리는 더 이상 도덕적 다수가 아니다. 이런 전면적인 사회 변화를 고려하면, 많은 사람이 주변 사람들과 동떨어진 사람처럼 보이거나, 존중할 가치가 없다는 조롱의 대상이 될까 봐 겁을 낸 나머지 어떤 부분에서 문화에 굴복할 것이다. 문화를 소비하는 것이다.

많은 사람이 분노하고 좌절할 것이다. 그리고 그들은 우리를 기독교 사회로 되돌아가게 하려고 많은 시간을 사용할 것이다. 이런 사람들은 문화를 회심시키는 데 목표를 둘 것이다.

많은 사람이 문화를 완전히 외면하고 스스로 하위 문화를 만들 것이다. 그들은 자신만의 예술, 교육, 상업, 정치를 하고 문화를 정죄할 것이다.

앞에서 지적했듯이, 어떤 면에서 이 모든 반응은 하나같이 두려움이 동기로 작용하고 있다. 그러나 용기의 인도를 받는다면 우리는 적극적으로 신실하게 즐거운 마음으로 앞을 향해 전진할 수 있다.

이런 용기는 어디서 생기는가? 우리의 문화는 동조하지 않는 것은 증오하는 것과 같다고 해석한다. 이런 분위기 속에서 사람들은 우리를 정신이 온전하지 않고, 연민과 공감 능력이 떨어지며, 사랑할 줄 모르고, 고상함과 거리가 먼 존재처럼 바라본다.

이런 세상에서 우리는 어디에서 용기를 찾아야 하는가?

우리는 하나님을 알아야 한다.

넉넉히 이기느니라

기독교 국가 이후 시대post-Christendom에서 시선을 돌려 기독교 국가 이전 시대pre-Christendom에 살았던 바울의 말을 들어보자.

실패와 약함으로 인해 자신이 무능력하고 모자라다는 생각이 들 때 바울을 떠올리면 언제나 도움이 된다. 바울은 그리스도를 미워하고 그리스도인들을 증오한 사람이었고, 그들을 말살하고자 결심한 사람이었다. 그의 자전적 고백에 따르면, 사람을 죽이고 고문하고 격하게 신을 모독한 자였다. 그러나 그는 기독교 역사상 가장 위대한 선교사가 되었다. 하나님은 세련되고 완벽한 사람을 찾고 계시지 않는다. 그분은 언제나 자신이 죄인임을 알고 구원받은 사실에 감격하는 사람들을 통해 일하셨다.

바울이 로마에 보낸 편지는, 로마 제국 통치자들이 기독교 신앙에 우호적인 정책을 취하기 오래 전에 한 교회에 보낸 것이었다. 이들이 살았던 시기는 박해가 막 시작된 때로, 머지않아 그리스도인들은 산 채로 화형을 당하거나 사자의 먹이로 던져지는 등의 극심한 박해를 본격적으로 받게 될 터였다. 바로 이들이 로마서의 수신자였다. 그렇다고 서구의 교회에 이런 박해가 다시 닥칠 것이라는 말은 아니다(그런 일이 일어나지 않기를 바란다). 그러나 기독교의 설 자리가 (특히 공공 광장에서) 점점 없어지는 사회로 이행해 가는 이 시점에, 초대 교인들이 신앙 때문에 조롱받고 핍박받았던 이런 상황은 우리에게 더 깊은 공감을 불러일으킨다.

바울은 로마의 성도들에게 철저히 현실적이면서 담대한 어조로 이렇게 말한다.

> 기록된 바 우리가 종일 주를 위하여 죽임을 당하게 되며 도살당할 양같이 여김을 받았나이다 함과 같으니라. 그러나 이 모든 일에 우리를 사랑하시는 이로 말미암아 우리가 넉넉히 이기느니라 (롬 8:36-37).

오직 그리스도를 믿는 신앙 때문에 재물을 빼앗기고, 오직 믿음 때문에 앞으로 성공할 가망성이 급격히 축소되고, 오직 신앙 때문에 투옥이 매우 현실으로 다가왔던 그리스도인들의 시선으로 이 말씀을 읽는 것은 매우 중요하다.

우리는 그들이 당시 문화를 소비하거나, 혹은 회심시키거나, 정죄하고자 하는 유혹을 분명히 받았으리라는 점을 기억할 필요가 있다.

그러나 바울은 그들이 용기를 내어 살기를 원했다. 그것은 누구도 막을 수 없는 무한한 하나님의 사랑을 받으므로 넉넉히 이긴다는 사실을 알기에 생기는 용기였다. 이어서 바울은 로마서 11장 33-36절에서 그 하나님에 대해 이렇게 묘사한다.

> 깊도다! 하나님의 지혜와 지식의 풍성함이여, 그의 판단은 헤아리지 못할 것이며 그의 길은 찾지 못할 것이로다. 누가 주의 마음을 알았느냐. 누가 그의 모사가 되었느냐. 누가 주께 먼저 드려서 갚으심을 받겠느냐. 이는 만물이 주에게서 나오고 주로 말미암고 주에게로 돌아감이라. 그에게 영광이 세세에 있을지어다. 아멘.

계몽주의의 자손이자, 시선을 위로 향하기보다 내면으로 향하기 쉬운 죄인인 우리는 자기 자신에게서 확신을 찾는 경향이 있다. 바울이 여기서 말하고자 하는 바가 무엇인지 확인하는 일이 그래서 중요하다. 그는 우리 자신을 보지 말고 하나님께 시선을 고정하라고 호소하고 있다.

용기를 얻을 수 있는 방법이 바로 여기에 있다.

하나님을 바라보아야 한다.

하나님의 넘치는 부요하심

바울은 먼저 하나님의 부요하심을 강조한다. 얼핏 보면 무작위로 이 말을 언급한 것처럼 보인다. 그러나 바울의 일차 독자들이 신앙을 지킨다는 이유만으로 재물을 빼앗기고 재산을 몰수당하는 사회에서 살고 있었다는 사실을 감안하면, 이런 언급은 훨씬 더 의미심장하게 다가온다.

우리는 대부분 이 말씀에 공감한다. 누구나 한 번쯤은 재정과 관련한 심각한 스트레스를 겪는다. 그리고 대부분의 경우 재정적 압박을 받으면 사용 가능한 수입 내에서 생활하고 예산의 균형을 맞추고자 노력한다. 그러나 지금 미국이나 영국에는 그리스도를 믿는 믿음의 대가를 치러야 한다고 생각하는 그리스도인 사업가들(혹은 이전 사업가들)이 이미 있다. 현재 가진 재산이나 혹은 빈곤한 처지를 생각하면 두려움이 엄습할 것이다. 바울은 우리의 처지가 아니라 '하나님의 부요하심'에 대해 말하자고 이야기한다.

알다시피 우리는 하나님의 형상으로 창조된 인간이기에 무엇인가를 만들어 낼 수 있다. 하지만 우리 힘이 닿는 한에서 실제로 이미 존재하고 이용 가능한 것으로만 무엇인가를 만들 수 있을 뿐이다. 최근에 아내는 우리 집을 리모델링했다. 아내는 리모델링 작업을 하면서 두 가지 부분에서 제약을 받았다.

무엇보다 첫째 제약은 재정적 여력, 즉 비용을 지불할 수 있는 여력이었다.

둘째 제약은 자재였다. 투바이포 공법(북미의 전형적인 목조건축 공법—편집자 주) 자재와 시트록 석고보드가 필요했다. 지구상에서 오직 한 곳에서만 구할 수 있고, 먼 나라에서 배로 실어 와야 하는 특이한 금속인, 전구 스위치로 쓰려고 했던 물건도 목록에 있었다.

우리는 현재 가진 자원에 따라 우리가 지을 수 있는 것에 제약을 받는다. 그러나 하나님은 그렇지 않다.

창세기 1-2장의 창조 이야기는 하나님이 하늘에 사시다가 하늘이 너무 좁아지자 쌓인 물건을 정리할 공간을 확보하고자 우주에 공간을 만드신 이야기가 아니다. 하나님이 있으라고 명하실 때까지 우주에는 아무것도 없었다. 참으로 놀랍지 아니한가. 하나님은 "있으라", "만들자"창 1:3,6,14,26라고 말씀하셨을 뿐이다. 그리고 모든 만물을 존재하게 한 그 말씀이 너무나 강력해서 우주는 오늘날까지 사방으로 계속 팽창하고 있다.

당신이 어떤 형편인지, 은행 잔고가 얼마인지 나는 모른다. 하지만 당신 스스로도 어찌 할 도리가 없다는 사실은 확실히 알고 있다. 증명해 보겠다.

바로 지금 배 한 척을 만들어 보라.

할 수 없다.

혹은 적어도 당장 배를 만들 수는 없다. (당신도 그 점을 안다)

당신은 제약을 받는다. 아무것도 필요하지 않은 분은 오직 하나님뿐이다. 하나님은 말씀만으로 자신이 원하는 것을, 아무 자재가 없더라도 그 무엇이든 있게 하실 수 있다. 말씀만 하시면 그대로 실현이 된다. 이런 수준의 풍족함은 우리 이해력 밖의 영역이다. 그러나 삼위일체 하나님은 바로 이런 풍족함을 소유하신 분이며, 바울이 말하는 하나님의 부요하심은 바로 이런 것이다. 성부 하나님은 성자 아들과 성령을 통해, 자신의 자녀들과 자신의 모든 부요함을 나누려고 하시는 분이다.

바울은 돈을 안전하게 지키거나 남에게 재물을 빼앗기지 않으려 골몰하지 말라고 권면한다. 가진 것을 빼앗기는 것은 중요하지 않다고 일깨워 준다. 결국 파산을 하거나 감옥에 갇히더라도 궁극적으로는 중요하지 않다. 하나님은 어마어마한 부자이시며 그분의 풍족함은 영원히 우리 것이다. 아버지의 부요하심을 생각하면 이 세상에서 가진 재물이 사라질 수 있다는 두려움을 이길 용기가 생긴다.

하나님의 지혜는 영원하다

바울은 계속해서 하나님의 지혜와 지식에 우리의 시선을 고정하도록 한다. 그는 앞일을 계획하시는 이는 하나님이시므로, 앞으로 일어날 일을 하나님이 알고 계신다는 진리를 로마의 그리스도인들이 숙고하기를 원한다. 10,000년 후에 상황이 어떻게 될지 생각해 보기를 원한다.

바울이 편지를 쓰는 대상이 누구인지 기억하라. 로마의 성도들이다. 그들은 로마 제국의 종말을 꿈에도 생각할 수 없었을 것이다. 그들의 고향은 영원한 도성에 있었다. 이 시기에 로마는 최전성기를 구가하고 있었다. 이런 상황에서 바울의 독자들은 로마의 위상에 변화가 오리라는 것을 상상조차 할 수 없었을 것이다. 당시에 세상은 그랬다. 누구나 그런 렌즈를 통해 인생을 바라보았다.

그러나 불과 몇 년 전에 나는 고작 12유로로 폐허가 된 로마 유적지들을 둘러보았다. 이제 로마 제국은 흔적도 없다. 역사책에서나 그 명성을 휘날릴 뿐이다.

요지는 전지하신 하나님이 우리 머리로는 이해할 수 없는 방식으로 만물을 운행하고 계시다는 것이다. 그분은 오랜 시간 이어지는 게임을 하고 계시며, 우리는 긴 게임의 가치를 모르는 문화 속에 살고 있으므로 그 이야기를 들어야만 한다. 인스턴트 정보와 즉각적 만족이라는 일회용 디지털 문화로는 전체적인 큰 그림을 보는 데 어려움이 있다. 우리는 모든 욕구를 즉각적으로 충족시키기를 원한다. 그러나 주님은 이런 방식으로 일하시지 않는다. 우리의 문화적 전제나 요구에 노예처럼 얽매이시지 않는다.

그러기에 그분은 너무나 크고 위대하신 분이다.

이 사실을 가슴 깊이 새겨야 하는 이유가 있다. 아직은 아니라 하더라도, 언젠가는 믿음을 지킨다는 이유로 소외되고 조롱받고 짓밟힐 날이 올 것이다. 우리에게 그런 순간이 닥칠 때 하나님 아버지의 지혜와 지식은 너무나 중요하다. 그리스도인이라는 이유로 친구를 잃거나, 직장에서 쫓겨나거나, 감옥에 투옥되는 순간을 만나면, 소망을 버리고 믿음을 저버리라는 유혹을 받을 것이다. 그러나 바울은 우리에게 이렇게 말한다. "아니, 안 되지. 하나님은 모든 일에 자신이 하고 있는 일을 알고 계신다네."

우리는 유한한 존재이기 때문에 특정 공간과 시간에 제약을 받는다. 나는 지금 그리스도께서 이 세상을 거니신 이후 21세기 하고도 두 번째 십년이 흐른 시점에 텍사스 달라스에서 이 글을 쓰고 있다. 내가 현재 있는 위치와 시간이 이러하다. 이런 시간과 위치는 고유의 문화적 특수성을 포함한다. 그 자체의 감성과 분위기가 있다. 이것이 내가 처한 상황이다. 그리고 이것은 내가 세상을 바라보는 방식에 영향을 미친다.

성경의 삼위 하나님은 일하시는 방식이 다르다. 하나님은 시간 안에 계신 분이 아니라 시간 밖에 계시는 분이므로, 우리와 다르게 전체적으로 모든 만물을 한눈에 보실 수 있다.

이런 개념이 우리 인식으로는 충격적일 수 있다. 하지만 미래는 하나님이 알고 계시는 시간이 아니다. 그분이 계신 장소가 곧 미래다. 그분은 우주의 아득한 저편 끝까지 계신 것처럼, 지금 여기에도 계시고 또 거기에도 계신다. 하나님은 시간 밖에 계신다. 그분의 지혜와 지식은 너무나 깊어서 도무지 측량이 불가능하다. 우리는 정확한 질문을 제시할 지적 능력조차 갖추지 못한 존재이기 때문에, 그분의 지혜와 지식에 대해 제대로 의문을 가질 수 없다.

4세기 히포의 주교 성 어거스틴Saint Augustine은 인간의 존재란 얼굴을 스테인드글라스 창문에 갖다 댄 것과 같다고 말했다. 얼굴을 이렇게 바짝 갖다 대면, 색이 보이기는 하지만 창문이 수많은 파편 상태로 인식된다. 전체 창문이 한눈에 들어올 정도로 멀찍이 떨어져 볼 수 있는 이는 오직 하나님과 그분과 함께하는 사람들뿐이다.

다시 말해서 성부 하나님께 어쭙잖게 지혜를 들먹이는 것은, 3시간짜리 영화를 2초 동안 슬쩍 본 후 감독에게 영화 줄거리에 대해 장황하게 해석을 늘어놓는 것과 같다. 사실이 그렇다. 우리는 실상 아무것도 모른다. 그러나 생명의 근원이신 그분은 모든 것을 아신다.

로마서 8장과 11장은 하나님이 전지하신 분이라는 사실을 일깨워 주고 있다. 박해와 소외로 고통당하는 그리스도인들에게 바울은 하나님이 우리를 버리시지 않았고 잊으신 적이 없다고 말하고 있다. 찰나적 시각이 무엇이라 하든지, 우리는 하나님의 지혜와 지식이 얼마나 깊고 넓은지 우리 머리로는 도무지 헤아릴 수 없다는 사실을 기억해야 한다.

성경을 통해서 뿐만 아니라 역사를 통해서도, 우리는 이 말씀이 얼마나 정확한 진실인지 확인할 수 있다. 그로부터 채 300년이 지나지 않아 로마 제국의 전체 인구 중 절반 이상이 그리스도인이라 자처하게 되었다. 2000년이 지나지 않아, 나 같은 사람이 표를 사서 기세등등했던 로마 당국이 나의 영적 조상들을 가둔 지하 감옥의 유적지를 둘러보며 감탄하는 모습을 쉽사리 볼 수 있는 세상이 되었다.

불신의 시대로 접어들면서 우리는 더욱 심각한 불안감에 휩싸일지 모른다. 이 시기가 얼마나 지속될지, 얼마나 힘든 일을 겪을지, 앞으로 무슨 일이 일어날지 아무도 모른다.

그러나 하나님은 아신다.

하나님은 주권자 되시며 그 지혜와 지식이 무궁하신 분이다. 우리가 속해 있는 역사의 작은 조각은 말 그대로 작은 조각일 뿐이며, 하나님은 누구도 방해하거나 중단시킬 수 없는 위대하고 광대한 계획을 품고 계신 분임을 기억하자. 그러면 믿음으로 용기를 낼 수 있다. 아들이신 예수께서 마태복음 16장에서 말씀하신 대로, 지옥의 문도 교회를 이기지 못할 것이다.

겸손하라

하나님은 지극히 부유하신 분이다. 그 지식이 무궁무진하신 분이다. 이런 사실 앞에서 바울은 이 시대의 문화적 맥락에서는 도무지 용서할 수 없는 말을 하였다. 스스로를 낮추어 보라고 말한 것이다.

우리는 평소 우리가 본능적으로 생각하는 것보다 자기 자신을 더 약하고 작고 천한 존재로 생각해야 한다. 스스로 약하고 작은 존재로 생각하는 태도를 금기시하는 요즘과 같은 시대에 이런 권면은 시대착오적으로 들린다. 그러나 하나님의 계산법으로는 스스로에 대한 자신감 결여가 하나님에 대한 확신을 얻기 위해 필요한 첫 단계다.

지난 100여 년 동안 교회가 중대한 실수를 저지른 부분이 바로 이것이라고 생각한다. 우리는 서로에게 "넌 할 수 있어. 넌 정말 소중한 존재야. 너답게 행동해. 자신을 찾아. 스스로를 믿어"라고 다독였다. 이런 조언과 가르침은 말씀의 참된 지혜에 바탕을 두었다기보다 세상의 거짓 지혜에 바탕을 두었다고 할 수 있다. 다시 말해서 우리는 솜사탕을 먹으며 마라톤 달리기를 하고 있었다. 전쟁을 하는 중인데 사탕을 먹으며 용기를 내려 했던 것이다.

크신 하나님을 바라보아야 함에도 우리의 시야는 지극히 협소하다.

진정한 용기를 갖고 살려면 자신의 약점을 정확히 평가해야 한다. 그러기 위해서는 주님에 비추어 우리 자신을 평가하고, 우리가 얼마나 작고 보잘것없는 존재인지 깨달아야 한다. 바울이 로마서 11장 34-35절에서 우리에게 권면하는 내용이 바로 이것이다.

> 누가 주의 마음을 알았느냐. 누가 그의 모사가 되었느냐. 누가 주께 먼저 드려서 갚으심을 받겠느냐.

이 질문에 답할 사람은 아무도 없다. 이 편지가 로마 교인들에게 큰 소리로 낭독되던 중 이 부분을 읽게 되었을 때 누구도 낭독을 가로막고 "잠깐! 나는 주님의 마음을 알아요"라고 말하지 않았다. 뒤에서 "아닙니다. 나는 하나님께 예물을 정말 바쳤어요. 하나님은 제게 신세를 졌어요"라고 말하는 사람도 없었.

아무도 없었다. 단언컨대 침묵만이 감돌았을 것이다.

이 지상에서 하나님의 길을 정확히 이해하거나 하나님께 조언을 드릴 정도로 지식이 있는 자는 아무도 없다. 하나님은 우리의 지식이 조금도 필요하지 않으시며, 누구에게도 신세를 지지 않으시는 분이다. 하나님은 우리에게 아무 신세도 지시지 않는다. 이미 모든 것이 그분의 것이므로, 그분에게 드릴 것이 우리에게는 없다.

마치 어린 자녀가 내게 생일 선물을 사주는 것과 비슷하다. 그 선물을 받는다고 나의 재산이 늘어나지 않는다. 그 선물은 내가 번 돈으로 산 것이기 때문이다. 아이들은 아빠의 생일 선물을 산다고 엄마에게 돈을 달라고 할 것이고, 아내는 우리의 공동 계좌에서 돈을 꺼내 선물 살 돈을 줄 것이다. 아이들이 아빠를 생각해 주어서 내 마음은 뿌듯하고 즐겁겠지만, 은행 계좌는 정확히 그 선물 값만큼 잔고가 줄어들 것이다. 이미 나의 것을 내게 주었기 때문에 나는 아이들에게 신세를 진 것이 아니다.

하나님도 마찬가지다. 하나님은 인간 채권자와 다르다.

C. S. 루이스 Lewis는 「순전한 기독교」홍성사에서 이렇게 강조한다. 하나님께 무엇인가를 드리려고 하는 것은, 할아버지에게서 6펜스를 받아 선물을 산 다음 할아버지에게 드리는 것과 비슷한 것이다. 할아버지는 6펜스만큼 더 부자가 된 것이 아니다("키스미" 노래를 부른 밴드 Sixpence None the Richer의 이름을 여기서 차용했다고 한다).

하나님이 우리에게 주신 모든 것은 다 하나님의 영광을 위한 것이다. 그 무엇을 드리더라도 하나님이 우리에게 빚을 지시는 것이 아니다. 더 대접받을 자격이 있다는 감정이 생길 때마다 분명히 기억해야 한다. 그 감정은 하나님이 우리에게 신세를 졌다는 생각이 은연중에 있기 때문에 생긴 것이다. 그러나 하나님은 어떤 경우에도 우리의 신세를 지시지 않는다. 그러므로 우리 인생에 생기는 모든 좋은 일은 하나님을 예배하는 이유가 된다.

그분은 우리에게 어떤 신세도 지시지 않는다. 모든 것은 그분이 주신 선물이다. 우리의 모든 호흡이 선물이고, 우리의 모든 웃음은 은혜이며, 우리 입가의 모든 미소는 그분의 자비하심 덕분이다.

하나님은 우리를 필요로 하시지 않고, 우리 신세를 질 필요도 없으신 분이다. 그분은 측정이 불가능할 정도로 무한히 크시고 위대하신 분이다. 이런 하나님을 바라보며 할 일은 오직 우리가 얼마나 작고 비천한 존재이며, 그분은 얼마나 크고 위대하신 분인지 깨닫는 것이다. 바울의 고백이 바로 그러했다.

> 이는 만물이 주에게서 나오고 주로 말미암고 주에게로 돌아감이라. 그에게 영광이 세세에 있을지어다. 아멘(롬 11:36).

능력의 하나님

하나님의 위대하심을 제대로 이해하면, 하나님만이 주시는 놀랍고 거대한 용기가 생기기 시작한다.

우리 자신을 바라보지 말고 눈을 들어 하나님의 영광과 지혜와 부요하심을 바라보면 힘과 소망을 얻게 된다.

다시 말해서 하나님을 의지할 때 하나님을 위해 살 용기가 생긴다. 힘들고 어려운 상황에서 용기를 얻고 평강과 기쁨과 긍정적인 마음을 품게 된다.

인권 운동이 열기를 더해 가면서, 사람들이 심각할 정도로 공격을 당하고, 심지어 살해까지 당하며 위협의 수위가 높아지는 가운데 마틴 루터 킹 주니어 Martin Luther King, Jr.는 "능력의 주"God Is Able라는 설교 한 편을 작성했다. 이 설교문은 논문에 수록되었고 다시 「사랑의 힘」예찬사이라는 책에 수록되었다. 폭력과 증오가 난무하는 가운데 킹 박사는 이렇게 말했다.

> '의를 위해 싸워라. 진리를 위해 싸워라. 하나님이 영원히 네 편에 서 계실 것이다'라는 내면의 목소리가 들리는 듯 했습니다. 이 말을 듣고 거의 즉시 두려움이 사라졌습니다. 외부 상황은 그대로였지만 하나님은 마음에 평안을 주셨습니다.

사흘 후(킹 박사는 마을을 떠나 있었다) 우리 집에 폭탄이 터졌습니다. 참으로 이상하지만 나는 폭탄이라는 단어를 마음의 동요 없이 담담히 받아들였습니다. 하나님이 함께해 주신다는 체험을 한 덕분에 새로운 힘과 신뢰가 생겼던 것이지요. 이제 알겠습니다. 하나님은 인생의 폭풍을 감당할 내적인 자원을 주실 수 있는 분이라는 것을 말입니다.

킹 박사가 설교문에서 묘사한 내용은 일종의 초자연적 역사다. 이런 용기는 내면의 깊은 곳을 들여다본다고 생기지 않는다. 세상에 분노하거나 세상의 문제로 고민한다고 용기가 생기지 않는다.

용기는 하나님을 경험할 때 생긴다.

킹 박사는 말씀을 보고 기도하던 중에 영광의 하나님을 만났다. 그에게 '새 힘과 믿음'을 주신 바로 그 하나님이 오늘날 우리에게도 힘과 믿음을 주신다. 우리 하나님은 항상 반대와 반발의 폭풍이 사라지도록 모든 문제를 해결해 주시지는 않지만, 그 폭풍 속에서 우리가 언제나 의와 진리를 대변하도록 힘을 주실 수 있다. 바로 이것이 하나님이 주시는 용기다. 우리 곁에 계시는 하나님의 위대하심을 보는 눈이 있을 때 이 용기를 얻을 수 있다.

두려움에 머물러 있지 말라

정치 상황, 경제 상황, 인종 분열, 전 지구적으로 기승을 부리는 테러리즘, 갈수록 늘어만 가는 교회 이탈자들, 점점 커지는 하나님의 말씀에 대한 증오심…. 우리가 처한 문화적 풍경을 보노라면 두려움이 엄습하기 시작한다. 두려움으로 숨쉬기가 힘들 정도로 호흡이 빨라진다.

그러나 이런 두려움 속에 마냥 머물러 있을 수는 없다.

이런 두려움이 우리를 사로잡고 무너뜨리도록 두고 볼 수는 없다. 이렇게 기쁨을 빼앗긴 채로, 말씀대로 신실하게 살며 복음을 고수하는 삶을 포기할 수는 없다.

두려움을 느끼는 감정 자체는 문제가 없다. 정상적인 감정이다. 인간으로서 당연한 반응이다. 우리는 부서지기 쉬운 연약한 존재다.

그러나 그렇게 두려움에 빠져 머물러 있어서는 안 된다. 두려움을 넘어서야 한다. 무엇인가 더 큰 존재를 의지하는 법을 배워야 한다. 두려움을 초월하는 더 큰 존재를 발견해야 한다. 혹은 더 위대한 누군가를 의지하는 법을 배워야 한다.

우리에게 필요한 용기는 오직 우리 자신에게서 시선을 돌려 주를 바라볼 때만 생긴다. 그 용기는 앙증맞은 커피잔과 성경책 그림과 함께 나란히 인용된 인스타그램의 글귀처럼 관념적인 아이디어 차원이 아니다. 하나님이 주시는 용기에는 우리를 자유롭게 하고 완전히 변화시키는 힘이 있다. 이 세상이 우리에게서 모든 것을 빼앗아 가더라도, 하나님은 그보다 훨씬 더 위대하시고 영원하시며 주권자 되시고 놀라우신 분이다.

우리는 우리를 사랑하시는 이로 말미암아 언제나 넉넉히 이길 수 있다.

04
전사이신 하나님의 이야기

A. W. 토저Tozer는 20세기의 위대한 신학자다. 「하나님을 바로 알자」생명의말씀사라는 책에서 그는 이렇게 썼다.

> 하나님을 생각할 때 떠오르는 생각은 우리 자신에 대해 가장 중요한 것을 알려 준다.

하나님을 생각할 때 떠오르는 생각이 우리에 관한 모든 것을 결정하게 된다. 결혼과 돈, 직장, 여가, 자녀 양육 등에 대한 우리의 태도와 사고방식을 결정한다. 말 그대로 우리가 하는 모든 일을 결정한다.

그러므로 하나님을 생각할 때 은혜로우시고 자비하시며 사랑이 많으시고 죄를 용서하시는 하나님을 떠올린다면, 우리는 자비와 은혜로 사람들과 관계를 형성할 것이다. 되도록 사람들을 신뢰하고 믿을 것이며, 가진 자원을 나누는 데 인색하지 않을 것이다.

반면에 하나님이 늘 우리에게 낙심하는 분이라고 생각한다면, 가령 그분의 은혜가 우리의 행동 여부로 결정된다고 생각한다면, 다른 사람들을 대할 때 쉽게 분노하거나 초조해하고 불안해할 것이다. 또한 인생을 탐욕스럽게 살아가게 된다. 이런 모습은 절대 우리 노력으로 얻을 수 없는 평강을 돈으로 사려 하거나 자의적 노력으로 성취하려 한다는 반증이다.

하나님을 생각할 때 무엇을 떠올리는지는 중요하다. 그래서 우리가 여러 이유로 너무나 쉽게 무시하거나 무심하게 간과하는 하나님의 한 가지 속성을 재확인하는 작업은 매우 중요하다.

어떤 이들은 하나님의 이 속성을 이상하다고 생각한다.

어떤 이들은 하나님의 이 속성에서 두려움을 느낀다.

어떤 이들은 이 속성의 핵심을 완전히 놓치기도 한다.

그러나 우리가 이 속성을 알고 묵상하며 확신한다면, 이 불신의 시대를 살아가는 우리에게 큰 용기가 될 것이다. 그것은 하나님은 '전사'라는 사실이다.

하나님의 이 속성은 오늘날 우리 뇌리에서 거의 잊혀 있다. 하나님의 전사로서의 속성에 대해 마지막으로 설교를 들은 적이

언제인가? 하나님을 생각하면 우리는 HBO 영화채널이 아니라 닉켈로디언 애니메이션 채널을, 덩케르크가 아니라 디즈니를(현실을 재현하는 영화가 아니라 아름답고 환상적인 애니메이션을—역자 주) 떠올리는 경향이 있다.

전사로서의 하나님의 속성을 이해하지 못하면 결국 우리에게는 팅커벨 예수님만 남을지 모른다. 마법 가루 주머니를 들고 다니며 고작해야 축복의 가루를 뿌려 주는 예수님 말이다. 이런 예수님은 어떤 일에도 결코 분노하시는 법이 없다. 우리는 절대 나쁜 일을 할 수 없다. 그분이 마법 가루를 뿌려 주면 우리가 얼마나 훌륭하고 멋진 존재인지 알게 된다.

내 말을 오해하지 말라. 삼위 하나님의 은혜와 자비, 오래 참으심, 인내하심은 아무리 많이 묵상하고 감사해도 결코 지나침이 없다. 하나님의 이런 속성들을 절대 무시해서는 안 된다. 하나님의 속성에 전사의 속성만 있는 것은 아니다. 이 속성은 하나님의 한 가지 속성일 뿐이다. 물론 그분은 전사 이상의 분이시다. 하지만 그 이하의 분은 더욱 아니다. 분명히 기억하라. 성경은 하나님을 전사로 묘사하고 있다.

여호와는 용사시니 여호와는 그의 이름이시로다 (출 15:3).

그러나 하나님이 전사 즉 용사라는 이 말은 우리가 생각하는 의미와 다를 수 있다. 여호와는 용사이시다. 그리고 여호와(야훼)는 하나님의 이름이다. 하나님은 이 이름으로 모세와 이스라엘 백성들에게 자신을 계시하셨다 출 3:13-17. 이 이름은 '스스로 계시는 자'라는 뜻이다. 성경에서 누군가의 이름은 그 사람의 성격을 드러낸다. 그러므로 하나님은 "나는 모든 것에 부족함이 없으며 불변하는 존재다. 너희는 내가 하는 일로 내가 누구인지 알 것이다"라고 말씀하고 계신 셈이다.

따라서 성경에서 말하는 전사로서의 하나님을 제대로 이해하려면, 성경 전반의 이야기 속에서 그분이 어떻게 '싸우시는지' 알아야 한다.

다시 말해서 여호와는 용사이시므로 세상의 모든 이야기, 즉 과거, 현재, 미래의 이야기는 우주적 전쟁에 관한 이야기라고 할 수 있다. 앞 장에서 우리가 아는 하나님에 대해 이야기했다면 이번 장에서는 우리가 몸담고 살아가는 이야기, 즉 싸우시며 전투에서 승리하시는 전사로서의 하나님을 무엇보다 중요하게 다룰 것이다.

이 이야기를 제대로 이해하면 오늘날과 같은 시대를 살아가는 일이 설레고 흥분될 것이다. 그리고 누구도 절대 꺼뜨릴 수 없는 용기와 흔들 수 없는 확신을 얻을 것이다. 심지어 기독교 국가가 종말을 맞아 무대 뒤편으로 사라진다 해도 두려워하지 않을 것이다.

태초의 샬롬과 현재의 세상

태초에는 전쟁이 없었다. 오직 히브리인들이 '샬롬'이라고 부르는 상태만 있었다. 하나님은 존재하는 모든 것을 완벽하게 창조하셨다. 보시기에 매우 좋았다창 1:31. 아담과 하와는 벌거벗었지만 부끄러워하지 않았다창 2:24. 숨길 것이 없었고, 스스로의 거짓 이미지를 투사할 필요를 조금도 느끼지 않았다. 보이는 모습 그대로가 다였고, 그 모습은 조금도 흠이 없고 아름다웠다.

순진무구함, 아름다움, 기쁨, 온전함, 즉 샬롬이 있었다.

무엇보다 전 창조 질서가 완벽하게 어우러져 모든 별과 수목과 동물들이 완벽한 조화를 이루었고 온전한 '샬롬'이 있었다. 지금 이 세상에서 우리 눈에 보이는 것은 (가장 아름다운 풍경과 소리까지도) 과거 한때 있었고 결국 다시 회복될 완벽한 샬롬의 그림자이거나 껍데기일 뿐이다.

이 사실을 아는 이유는 성경이 말해 주고 있기 때문이다.

> 피조물이 고대하는 바는 … 피조물도 썩어짐의 종 노릇 한 데서 해방되어 하나님의 자녀들의 영광의 자유에 이르는 것이니라. 피

조물이 다 이제까지 함께 탄식하며 함께 고통을 겪고 있는 것을 우리가 아느니라(롬 8:19, 21-22).

창세기 1-2장이 그리는 세계가 바로 이런 세계였다. 악기들이 각자 맡은 파트를 연주하는 교향악단을 생각해 보라. 저마다의 연주로 아름답고 조화로운 선율을 만들어 낸다. 오감을 일깨우고 정서를 자극한다. 그것은 '샬롬'의 세계였고, 성부 하나님은 성자와 성령을 통해 세상이 이렇게 작동하도록 창조하셨다.

그러나 우리는 이렇게 생각할 것이다. '글쎄요. 좋은 이야기네요. 하지만 저와는 상관없어요. 제가 사는 세계는 아니니까요. 남편과 저는 툭하면 싸워요. 우리 집 강아지는 제가 아끼는 책을 갈기갈기 찢어 놓지요. 아이들 소리 때문에 내 목소리는 들리지도 않아요. 왠지 모를 불안감으로 힘들어요. 하지만 그것도 소셜 미디어에서 보았던 어지러운 뉴스에 비하면 약과지요.'

우리가 사는 세상이 이렇다. 처참할 정도로 손상되고 망가져 있다. 창세기 1-2장의 완벽한 샬롬의 세계가 어쩌다가 지금 우리가 살고 있는 세상처럼 변했는가?

모든 일은 계몽주의 사상을 신봉하는 사람들이라면 좋아하지 않을 이야기에서 시작된다. 계몽주의 신봉자들은 과학적으로 입증될 수 없으므로 좋아하지 않을 것이다. 기독교는 인간의 이성이 아니라 하나님의 계시에서 출발하는 종교다. 우리는 비합리적인 것을 믿지 않지만, 이성의 영역을 초월하는 계시는 받아들인다. 이 계시는 부활로 입증이 된 계시이기 때문에 수용할 수 있다. 우리가 이 계시를 믿고 그 바탕 위에 인생을 영위하는 이유가 여기에 있다.

성경은 천상에서 전쟁이 벌어졌다고 가르친다. 한 천사가 하나님의 영광을 시기하여 어떤 천사 무리들을 선동해 천상의 주께 반역을 시도했다. 그들은 그 싸움에서 패배했고(정말 뜻밖이다. 그렇지 않은가?) 천상에서 추방당했다 사 14:12-15(고대의 한 왕의 멸망에 대한 이야기를 서술한 것처럼 보이지만, 단순히 인간 통치자를 가리킨다고 하기에는 사용된 언어가 너무나 엄중해 보인다 벧후 2:4; 유 6; 계 12:7-9). 그 반역을 주도한 천사장은 사탄으로 알려지게 되었다.

이제 완벽한 동산으로, '샬롬'의 세상으로 돌아가 보자. 아담과 하와는 벌거벗었지만 아무 수치심도 없이 서늘한 동산을 거닐고 있었다. 그때 사탄인 뱀이 하와에게 "하나님이 참으로 너희에게 동산 모든 나무의 열매를 먹지 말라 하시더냐" 창 3:1라고 말을 걸었다. 뱀이 속으로 했던 질문은 이랬을 것이다. "하나님에게 어떤 꿍꿍이가 있는지 아직 알아차리지 못했단 말이냐? 하나님은 너희가 성공하기를 원하지 않아. 자기처럼 되기를 바라지 않는다고. 너희가 지금의 한계를 벗어나지 못하고 제자리에서

맴돌도록 막고 있단 말이야."

하와는 사탄의 미끼를 물었고, 하나님이 먹지 말라고 금하신 유일한 나무의 과실을 먹었다. 그러면 아담은? 그도 그 자리에 있었다. 하지만 아무 행동도 하지 않았다. 아내를 보호하지도 혹은 부추기지도 않았다. 마치 새 구경을 하듯이 그대로 서서 방관만 하고 있었다. "우아, 봐봐. 큰 어치야. 알겠지만 내가 이름을 지어 주었지. 뭐, 과일? 좋아. 맛있게 먹을게."

그렇게 해서 두 사람은 모두 하나님이 금하신 과일을 먹었다. 그들은 하나님처럼 되고 싶었다.

그리고 그 순간 죄가 세상에 들어왔고, 샬롬은 망가졌으며, 하나님의 창조 질서가 만들어 낸 조화와 아름다움과 리듬은 만물이 저마다 부패와 죽음의 곡조에 맞추어 춤을 추듯 산산이 박살나고 말았다.

실제로, 성경은 그들이 금단의 열매를 먹은 즉시 관계상의 조화에 균열이 갔음을 보여 준다. 성경은 그들이 벌거벗었음을 깨닫고 큰 잎으로 몸을 가렸다고 말한다.

이어서 그들은 동산에서 하나님이 거니시는 소리를 듣고 두려워 숨었으며, 인류 역사상 가장 허망한 숨바꼭질 게임을 했다.

아담과 그의 아내가 여호와 하나님의 낯을 피하여 동산나무 사이에 숨은지라(창 3:8).

하나님은 전지하신 분이므로 우리가 그분을 피해 숨는 것은 불가능하다. 어린아이가 마룻바닥에 누운 채 '눈을 감으면 엄마, 아빠가 보이지 않으니까 엄마, 아빠도 날 보지 못할 거야'라고 생각하는 것처럼 어처구니없는 일이다.

그러면 아이의 부모는 "너는 지금 마룻바닥 한가운데 있잖아. 애야, 우리는 바로 지금 널 내려다보고 있단다"라고 말할 것이다.

아이의 생각이 우스꽝스럽게 보이겠지만, 성경의 이 장면은 그 어떤 장면보다 가슴을 미어지게 한다. 역사상 최초로 수치심이 인간의 심장을 강타했다. 그들은 힘을 다해 달려가 숨었다. 그 이후로 우리는 지금도 창조주를 피해 달리면서 숨을 곳을 찾고 있다.

그러나 하나님은 그들을 찾아내시고 전쟁을 선언하셨다. 하지만 아담과 하와에게 선포하신 게 아니라, 뱀에게 선포하셨다. 더 놀라운 사실은, 인류를 이기는 전쟁이 아니라, 인류를 통해 이기는 전쟁을 선언하셨다는 점이다.

여호와 하나님이 뱀에게 이르시되, 네가 이렇게 하였으니 네가 모든 가축과 들의 모든 짐승보다 더욱 저주를 받아… 내가 너로 여자와 원수가 되게 하고 네 후손도 여자의 후손과 원수가 되게 하리니, 여자의 후손은 네 머리를 상하게 할 것이요, 너는 그의 발꿈치를 상하게 할 것이니라(창 3:14-15).

샬롬이 산산이 부서짐으로 아담과 하와는 이런 우주적 붕괴의 충격을 고스란히 경험하게 되었지만, 또한 사랑의 하나님의 긍휼히 여기심도 체험할 수 있었다. 하나님은 자신의 형상이자 피조 세계의 관리자로 지어진 그들이 반역에 가담했음에도 불구하고 포기하지 않고 계속 그들을 돌봐 주셨다. 그들은 벌거벗은 자신들의 모습에 수치심을 느꼈고, 하나님은 그런 그들에게 옷을 만들어 입혀 주셨다21절.

하나님은 이렇게 대담하게 전체 싸움을 주도하신다. 하나님은 원수와 싸우시되, 적에게 가담한 이들을 건져 주려 하셨다. 죄를 해결하고 죄인들을 자유롭게 풀어 주려 하셨다. 이런 모습은 예수 그리스도의 위격과 사역에서 정점에 이른다. 하나님이 전사라는 말의 의미가 바로 이런 것이다. 적을 물리치고 세상을 파멸에서 회복시키는 것이다.

우리의 처지(우리가 죄인이라는 사실)를 알고 하나님이 하시는 일(우리를 위해 싸우신다는 사실)을 알면, 우리는 겸손해지는 동시에 담대해질 수 있다. 다시 말해 우리 자신을 절대 과신하지 않게 되고 또한 우리와 함께, 그리고 우리를 위해 하나님이 하실 일을 절대 무시하지 않게 된다.

자기 백성을 위해 싸우시는 하나님

「거룩한 용사」솔로몬라는 책에서 신학자 트렘퍼 롱맨 3세Tremper Longman III와 다니엘 G. 레이드Daniel G. Reid는 창조에서 회복에 이르기까지 하나님의 전사로서의 속성을 상세히 소개한다. 그들은 하나님의 이 속성을 (다소 비현실적으로 들리지만) '하나님의 전사적 속성의 우주적 5단계'로 구분한다.

이 두 신학자는 나와는 비교할 수 없을 정도로 탁월한 분들이므로 여기서 굳이 그 내용을 수정하거나 보완할 필요를 느끼지 않는다.

두 사람이 소개한 하나님의 속성의 다섯 단계를 살펴보면, 우리에게 지금 필요한 용기를 불어넣어 주시는 전사로서의 하나님의 면모를 엿볼 수 있다.

1단계에서 하나님은 이스라엘을 위해 싸우신다. 하나님의 백성들은 애굽의 노예로 살고 있었다. 철저히 억압과 속박 속에 살았다. 하나님은 그런 자기 백성들이 자유인이 되도록 싸우셨다. 애굽에 쏟아진 모든 재앙은 애굽인들이 섬기는 신과 연관이 있었다. 그 신들은 거짓 신들로, 그 배후에는 거짓의 아비, 사탄 즉 원수가 있었다. 하나님은 사람들을 노예로 만드는 거짓 신들을 앞장서서 진멸하셨다.

애굽인들은 나일강을 숭배했다. 그래서 하나님은 나일강의 물을 피로 물들게 하셨다. 그들이 가축을 숭배했으므로 가축들을 죽이셨다. 곡물의 신을 숭배했으므로 하나님은 메뚜기 떼를 보내어 작물을 초토화시키셨다. 태양 신 라를 숭배했으므로 하늘에 빛을 사라지게 하고 칠흑처럼 어둡게 만드셨다.

하나님은 애굽 신들을 파멸시키시고, 그들을 숭배하는 바로와 함께 그들의 정체를 (전혀 신이 아니라는 것을) 백일하에 드러내셨다. 그리고 자기 백성들을 홍해와 광야로 이끌어 내어 약속의 땅 가나안으로 데리고 가셨다.

하나님은 모세의 후계자이자 이스라엘의 지도자 여호수아에게 이렇게 약속하셨다.

> 네 평생에 너를 능히 대적할 자가 없으리니… 강하고 담대하라. 너는 내가 그들의 조상에게 맹세하여 그들에게 주리라 한 땅을 이 백성에게 차지하게 하리라… 강하고 담대하라. 두려워하지 말며 놀라지 말라. 네가 어디로 가든지 네 하나님 여호와가 너와 함께하느니라 하시니라(수 1:5-6, 9).

하나님은 자기 백성들에게 승리를 주셨고, 실제로 이스라엘 군대와 대적할 자는 아무도 없었다. 그들은 하나님이 그들에게 주기로 하신, 축복을 누리며 살게 해주겠다고 약속하신 땅을 차지했다. 샬롬을 회복하는 길로 들어섰다.

이 가나안 정복 사건은 기독교를 폄하하고자 하는 이들이 즐겨 사용하는 비장의 카드처럼 보인다. 리차드 도킨슨Richard Dawkins은 「만들어진 신」김영사에서 이 카드를 활용한다.

> 성경은 내집단 도덕성in-group morality의 청사진이나 마찬가지다. 대량 학살, 외집단의 노예화, 세계 지배를 지시하는 내용으로 가득하다.

리차드 도킨슨이 뛰어난 지성인이기는 하지만 성경을 제대로 공부한 적이 있는지 의심스럽다. 스무 살 정도 된 사람이 해변을 달리며 닥치는 대로 사람을 살해하는 장면을 보고 있다고 상상해 보라. 분명히 "끔찍한 괴물이군. 저 아이는 살인자이자 미치광이야"라고 말할 것이다.

그러나 이 해변이 노르망디 해변이고, 때는 1944년 6월 6일, 즉 디데이라고 생각해 보라. 연합군은 독일군에게서 유럽을 재탈환하고자 해안으로 상륙하고 있다. 그러면 그 젊은이는 더 이상 괴물이 아니다. 용감한 군인이자 해방자다.

여호수아 시대에 벌어진 일이 바로 이랬다. 성경은 하나님이 가나안 사람들이 회개하고 극악무도한 우상숭배에서 돌이키도록 400년이란 시간을 기다리셨다고 말한다. 그들은 아기들을 거짓 신들에게 제물로 바치고, 사회적 기여도가 낮다는 이유로 노인을 살해했으며, 신체적 결함이 있는 자를 모두 죽였다. 400년 동안(미국의 역사보다 두 배나 더 긴 기간) 하나님은 그 땅의 백성들에게 회개를 촉구하셨지만, 그들은 거부했다.

그래서 하나님은 가나안 백성들을 향한 전쟁을 시작하셨고, 자기 백성들을 위해 계속 싸워 주셨다. 원수를 무너뜨리시고, 자기 백성들을 구원하시고, 그들과 동행하셨다.

자기 백성과 싸우시는 하나님

2단계에서는 상황이 달라진다. 이제 하나님은 이스라엘과 맞서 싸우시고 그들을 심판하신다. 이스라엘을 위해 싸우셨던 하나님이 이제 이스라엘과 싸우시다니, 대체 그 이유가 무엇일까? 이스라엘은 애굽에서 나와 약속의 땅으로 들어가자마자 그들이 철저히 배격하고 무너뜨려야 할 이방 신들을 숭배하기 시작했다. 하나님의 심판을 받았던 가나안 백성들과 동일한 짓을 한 것이다.

아담과 하와가 에덴동산에서 그랬던 것처럼 이스라엘 백성들은 가나안 땅에서 하나님을 배신하고 반역했다.

그래서 하나님은 선지자들을 보내시어 이스라엘 백성들이 '해야 할 일'과 '하지 말아야 할 일'이 있는 선하고 아름다운 계획으로 돌아가도록 호소하셨다. 그래서 기쁨과 형통함, 공의가 회복되기를 원하셨다. 하지만 그들은 거부했고, 하나님은 그들과 맞서 싸우셨다.

구약에는 하나님의 백성들이 하나님께 부르짖고, 하나님이 그들을 구원하시고 회복시켜 주시는 모습이 반복적으로 등장한다. 그러나 전반적으로는 반역, 망각, 유리, 방황의 주제가 두드러진다.

이스라엘의 이런 반복된 행위는 결국 포로로 잡혀가는 비극을 초래했다. 예레미야와 같은 선지자들은 이렇게 경고했다. "회개하지 않으면 하나님이 온 세계로 우리를 뿔뿔이 흩어 버리실 것이다. 우리는 더 이상 우리 땅에 거하지 못하고, 사방으로 흩어질 것이다." 하나님의 백성들은 그 경고대로 고대 세계 곳곳으로 흩어졌다.

그렇게 해서 예수님 시대에 이르러 이스라엘 후손들은 로마 제국 전역에 뿔뿔이 흩어져 살고 있었다. 당시 알려진 세계의 거의 모든 주요 도시와 마을에 작은 규모의 유대인 신앙 공동체들이 있었다.

오실 전사에 대한 소망

3단계로, 이스라엘 백성들은 기다림과 침묵의 시기를 감내하며 그들의 구원자, 거룩한 용사를 고대한다. 유배지에서 포로 생활을 하는 동안 그들은 언젠가 오셔서 그분의 왕국과 백성들을 회복하실 메시아를 기다렸다. 앞으로 실현될 미래를 생각하고 꿈꾸면서 그들은 고통스러운 환경 속에서도 소망과 확신을 견지할 수 있었다.

다니엘서 7장은 전쟁을 벌이시는 하나님을 묘사하고 있다. 하나님은 바다의 괴물과 거대한 전투를 벌이는 분으로 묘사된다. 또 다른 묵시문학인 스가랴서에서 하나님의 백성들은 미래의 소망에 대해 또 다른 심상을 제공받는다. 거룩한 용사가 대규모 군대를 이끌고 적과 싸워 승리하는 거대한 전투의 이미지다.

이스라엘 백성들은 한때 그들을 위해 싸워 주셨던 하나님이 다시 그렇게 싸워 주실 것을 기억하며 소망을 품을 수 있었다.

예수님의 군축 캠페인

4단계는 신약에 접어드는 단계로, 용사이신 하나님이 직접 등장하신다. 그분의 이름은 예수다.

하나님의 아들은 죄와 사망과 사탄의 권세를 무너뜨리고, 자기 백성들을 창조주에 대한 반역의 치명적 결과에서 건져내고자 육신을 입고 오셨다. 그러나 이 전쟁은 이스라엘 백성들이 기대했던 방식과 달랐다.

폭력과 파괴의 방식이 아니었다.

힘과 무력을 동원하는 전쟁이 아니었다.

겸손과 연약함, 즉 십자가로 이기는 전쟁이었다.

예수님의 죽음에 대해 생각하면 우리는 골로새서 2장 13-14절과 같은 내용을 떠올리기 쉽다.

> 또 범죄와 육체의 무할례로 죽었던 너희를 하나님이 그와 함께 살리시고 우리의 모든 죄를 사하시고 우리를 거스르고 불리하게 하는 법조문으로 쓴 증서를 지우시고 제하여 버리사 십자가에 못 박으시고.

다시 말해서 구원을 생각할 때 우리는 흔히 개인의 구원을 생각한다. 다윗 왕이(그리고 후대에 그룹 U2의 보노가) 시편 40편에서 부른 노래가 바로 이런 내용이다.

> … 나의 부르짖음을 들으셨도다. 나를 기가 막힐 웅덩이와 수렁에서 끌어올리시고 내 발을 반석 위에 두사 내 걸음을 견고하게 하셨도다. 새 노래 곧 우리 하나님께 올릴 찬송을 내 입에 두셨으

니(시 40:1-3).

그러나 십자가에서 일어난 일은 단순히 개인적 구원에 한정되지 않는다. 우리의 죄에서 구원받고 하나님과의 관계를 회복하는 그 이상의 일이 일어난다.

우리는 종종 골로새서 2장이 개인적 구원에서 나아가 이렇게 말하고 있다는 사실을 망각할 때가 있다.

> 통치자들과 권세들을 무력화하여 드러내어 구경거리로 삼으시고 십자가로 그들을 이기셨느니라(골 2:15).

바울은 우주적 실체에 대해 이야기하고 있다. '통치자들과 권세들'은 사탄과 그 수하인 악마들을 말한다. 그들은 '구경거리'가 되었다. 그들이 이빨 빠진 호랑이라는 사실이, 다시 말해 무장해제당한 사실이 온 천하에 드러났기 때문이다.

어떤 인간도 절대 방어할 수 없는 사탄의 무기는 무엇인가? 그것은 우리 죄다. 우리가 범죄했기에 사탄은 우리를 하나님 앞에서 하나님에 대한 우주적 반역죄로, 그분의 보좌를 찬탈하고자 시도한 죄로 고발할 수 있었다. 그리스도께서 대신 죽지 않으셨다면 우리는 이 사탄의 정죄에 속수무책일 수밖에 없었을 것이다.

그러나 그리스도께서 우리 죄를 위해 죽으셨다. 우리의 우주적 반역에 대해 대신 벌을 받으심으로 우리가 그분의 통치를 회복하고, 죄 용서받으며, 우리 왕을 영원히 찬양하도록 하셨다. 십자가에서 사탄의 가장 중요한 무기가 무용지물이 되었다. 사탄이 우리 죄를 정죄하면 십자가로 우리를 방어할 수 있다. 사탄은 십자가 앞에서 입을 다물 수밖에 없다. 십자가는 사탄이 공식적으로 패배했음을 드러내 준다.

그리스도께서 오셨고 사탄을 무너뜨리셨다. 뱀은 그분의 발꿈치를 상하게 했지만 그분은 뱀의 머리를 상하게 하셨다 창 3:15. 죄인이 십자가로 나아와 회개하고 믿은 후 어둠의 왕국에서 빛의 나라로 옮겨질 때마다, 그리스도는 적을 발로 짓밟고 짓이겨 다시 일어서지 못하도록 하신다.

사탄은 성령의 역사로 인해 그리스도 안에 있는 자들을 절대 정죄할 수 없다. 적에게는 딛고 설 발등상도, 기회도 없다. 그들이 죄인이 아니어서가 아니라, 이제 구원받은 자들이 되었기 때문이다.

그리스도의 십자가보다 더 큰 죄나 강한 사탄의 계략은 존재하지 않는다. 너무 멀리 나가서 더 이상 가망이 없는 자는 아무도 없다. 우리의 죄보다 하나님의 은혜가 더 강력하다.

그분의 승리에 동참하기

그러므로 이제 그리스도의 복음을 선포할 때, 교회는 한 사람씩 세상을 향해 그 승리를 확장하게 된다. 바울은 교회의 사명에 대해 이야기하며 이렇게 강조했다.

> 이는 이제 교회로 말미암아 하늘에 있는 통치자들과 권세들에게 하나님의 각종 지혜를 알게 하려 하심이니(엡 3:10).

하나님은 교회에서, 구체적으로 우리의 교회에서 행하시는 일로 그분의 지혜를 드러내신다. 단순히 인류뿐 아니라 (이들에게 교회는 매우 어리석게 보일지 모른다) 영적인 세력과 권세와 통치자들을 향해 그분의 지혜를 보이신다.

이것이 무슨 의미인지 아는가? 구원받은 죄인들로 이루어진 지역 교회가 복음을 누리며 복음을 선포하러 나갈 때마다, 하나님의 측량할 수 없는 지혜와 누구도 막을 수 없는 하나님의 승리가 영적 세력들에게 보란 듯이 공개된다는 뜻이다. 우리의 교회가 사람들을 만날 때마다 사탄은 자신의 패배를 새삼 확인하게 된다. 참으로 놀라운 사실을 여기서 알 수 있다. 교회가 사탄의 계획이 허망하고 파탄에 이르렀다는 사실을 천계에 드러내고 있다는 점이다.

그러나 우리는 교회의 이런 우주적 차원과 힘을 망각할 때가 너무나 많다.

C. S. 루이스의 「스크루테이프의 편지」홍성사는 노회한 악마 스크루테이프가 웜우드라는 풋내기 악마에게 '고객'인 인간을 속이는 법을 훈련시키는 내용이 담긴 재치가 번뜩이는 책이다. 웜우드는 자신의 고객이 그리스도인으로 개종해도 방해하지 않고 내버려 두었다. 그래서 노련한 악마는 웜우드에게 그 사람이 신앙에서 떠날 수 있게 할 방책을 조언해 준다. 루이스는 스크루테이프의 입을 빌려 이렇게 말한다.

> 현재 우리의 가장 큰 협력자 중 하나는 바로 교회다. 오해는 말도록. 내가 말하는 교회는 우리가 보는 바 영원에 뿌리를 박고 모든 시공간에 걸쳐 뻗어 나가는 교회, 기치를 높이 올린 군대처럼 두려운 그런 교회가 아니니까. 다행스럽게도 인간들은 그 광경을 전혀 보지 못하지.
> 이 이웃들(교회 안에서 옆에 앉아 있는 사람) 중에 찬송가 음정이 틀린다거나, 신발에서 삐걱삐걱 소리가 난다거나, 목살이 두 겹이라거나, 옷차림이 별스런 사람이 주변에 하나만 있어도, 그 환자는 그들의 종교 역시 어쩐지 우스울 것 같다고 얼른 믿어 버릴걸.

이런 속임수에 넘어가지 말라고? 우리는 교회의 이런 웅장한 비전과 실체를 망각할 때가 얼마나 많은지 모른다. 이런 우주적 차원의 실체들을 제대로 보지 못하고 사소한 결점에 매달려 좌절감에서 벗어나지 못할 때가 너무나 많다. 우리는 오늘날 교회가 용사이신 하나님의 승리에 참여하고 있다는 사실을 꼭 기억하고 즐거워해야 한다. 그분의 승리에 참여하는 방법은 가는 곳마다 긍휼, 자비, 신실함, 사랑으로 싸움에 참여함이라는 무기를 사용하여 복음을 삶으로 살아내는 것이다. 하나님은 어둠을 밀어내고 사람들이 빛으로 나아오도록 간청하며, 그리스도를 통해 자기와 더불어 통치하자고 우리를 초청하신다.

예수께서 승리하신다

5단계에서는 예수께서 적과 최후의 전쟁을 하러 다시 용사로 재림하신다.

> 또 내가 하늘이 열린 것을 보니 보라 백마와 그것을 탄 자가 있으니 그 이름은 충신과 진실이라 그가 공의로 심판하며 싸우더라. 그 눈은 불꽃 같고 그 머리에는 많은 관들이 있고 또 이름 쓴 것 하나가 있으니 자기밖에 아는 자가 없고 또 그가 피 뿌린 옷을 입었는데 그 이름은 하나님의 말씀이라 칭하더라. 하늘에 있는 군

대들이 희고 깨끗한 세마포 옷을 입고 백마를 타고 그를 따르더라. 그의 입에서 예리한 검이 나오니 그것으로 만국을 치겠고 친히 그들을 철장으로 다스리며 또 친히 하나님 곧 전능하신 이의 맹렬한 진노의 포도주 틀을 밟겠고 그 옷과 그 다리에 이름을 쓴 것이 있으니 만왕의 왕이요 만주의 주라 하였더라(계 19:11-16).

6파운드 3온스 약 2.8kg의 아기 예수와는 완전히 다른 모습이다. 이 예수는 전쟁을 벌이시는 예수다. 싸움은 오래 가지 않는다. 예수님은 재림하셔서 그의 통치를 거부했던 자들을 물리치고, 그의 통치로 얻는 샬롬을 누리실 것이다.

그러면 창세기 1장과 2장의 상태로 되돌아간다. 다만 계시록 21-22장이 묘사하는 도성은 에덴동산보다 훨씬 더 아름답고 완벽하며 영원한 도성이다. 이사야 선지자는 사막에 꽃이 피고, 산꼭대기에서 맛있는 포도주가 흘러나오고, 어린 양과 늑대가 함께 뛰노는 모습으로 이 도성을 묘사했다 사 35:1-2; 25:6-8; 65:25. 재창조된 피조 세계다. 땅의 모든 남자와 여자가 삼위 하나님께 영광을 돌릴 것이다. 그분의 은혜를 누리며, 원수에게 공개적인 수치를 주고, 하나님께 영광을 돌릴 것이다. 이 대열에 참여하지 않는 자들은 그분의 공의롭고 의로운 진노의 대상이 될 것이다.

하나님이 너무나 두렵게 느껴지는 까닭은 바로 이런 부분 때문이다.

하나님은 사랑의 하나님이신가? 그렇다.

은혜로우신 분인가? 그렇다.

자비로우신 분인가? 그렇다.

오래 참으시는 분인가? 정말 그렇다.

팅커벨 요정이신가? 결코 아니다. 절대 그런 분이 아니다.

그분은 용사로서 자기 백성을 위해 싸우시는 분이며, 싸움에서 승리하시는 분이다.

우리가 찾던 이야기

이 세상은 이야기들로 가득하다. 틈만 나면 들락거리는 인터넷 영화관, 텔레비전이나 핸드폰, 컴퓨터, 라디오로 쉴 새 없이 찾아듣고 보는 스포츠 경기 중계 등, 오락용으로 우리가 소비하고 즐기는 이 모든 것은 우리 자신, 우리 세계, 우리 미래에 대한 이야기를 들려주고 있다. 그리고 하나님에 대해서도 이야기해 주고 있다.

그것들은 매일 우리를 훈련하고 빚어가며 만들어 간다.

알게 모르게 우리가 보는 영화와 텔레비전 드라마, 우리가 듣는 음악과 팟캐스트와 라디오 방송, 우리가 읽는 책과 매거진, 우리가 자주 접하는 소셜 미디어, 그리고 일상의 쇼핑이 우리를 빚어가고 형성해 간다. 우리는 이 모든 것을 무비판적으로 듣고 그 안에서 살아가므로, 우리 문화의 이야기들은 우리를 바꾸어 가고 있다.

조심하지 않으면 우리는 우리 앞에 놓인 것, 즉 이 불신의 시대를 보고도, 이런 다른 이야기들이 우리가 세상을 인식하는 방식뿐 아니라 반응하는 방식에까지 영향을 미치도록 방치할 것이다. 이 이야기들 속에 살면서 움츠러들거나 체념하고 싶을 때가 있을 것이다. 그러나 하나님께 감사하자. 우리에게는 몸담고 살아갈 더 나은 참 이야기가 있다. 전사이신 하나님의 이야기, 그동안 들었던 그 어떤 이야기보다 더 위대한 이야기가 있다.

우리 인생의 모든 것이 이 이야기와 꼭 들어맞는다. 우리가 찾던 그 이야기다. 지금 무슨 일을 하며 어떤 처지에 있는지는 중요하지 않다. 당신이 용접공이든, 사업가이든, 의사이든, 교사이든, 청소부이든, 이 이야기는 '당신의' 이야기다. 우리가 인생의 목표로 정하고, 싸워서 지켜내며, 안락한 삶을 포기하고, 목숨까지 내놓을 정도로 가치가 있는 이야기다.

들어 보라. 우리가 역사의 주인 되신 분의 편에 서 있으므로 교회는 역사의 올바른 편에 서 있다. 우리는 종종 구시대적이고 시대착오적이라는 비난을 받는다. 기독교 국가 이후 시대에서는 더할 것이다. 그러나 사실 본격적인 우리 시대는 아직 오직 않았다. 창조주에게 반역하는 세상에서 복음이 인기 있는 최신 유행이 되었던 적은 한 번도 없다. 역사의 포물선은 정의와 평화, 그리스도의 재림의 승리를 향하여 나아간다. 이것이 교회의 이야기이자 메시지이며 확신이다. 창조와 타락 이후로 맹위를 떨쳤고, 십자가에서 승리를 확인한 후, 거룩한 전사의 재림으로 마감될 전쟁의 결과를 우리는 알고 있다.

그 결과를 알기에 우리는 그것을 바라보며 살아간다.

그 결과에서 용기를 얻는다.

그 결과로 자신감을 얻는다.

이 우주적 전쟁의 결말을 알기에 문화 전쟁의 진척 상황을 보고 탄식하며 낙담하지 않는다.

이 전쟁에서 우리에게 맡겨진 역할을 안다면 내면으로 파고들거나, 머리를 숙인 채 전쟁을 외면하지 않을 것이다. 그날이 올 때까지 매일매일 우리 내면과 행동과 말에서 어둠을 몰아내며, 이미 이긴 승리라는 복음을 당당히 드러내고 선언할 것이다.

05

용기는 거룩과 헌신, 복음 전도로 나타난다

실제로 용기란 무엇인가? 하나님만큼 거대한 용기로 마음에 담대함이 생긴다면, 일상생활 속에서 그 용기는 어떤 모습으로 드러나는가?

누군가 이런 질문을 한다면 흔쾌히 받아 줄 것이다. 이 책이 지금부터 다룰 내용이 바로 이 질문에 대한 답변이다. 이 질문에 대답하기에, 신앙을 지킨다는 이유로 고난받고 박해당하며 사회의 주변인으로 살아가는 신자들에게 보내진 편지만큼 적절한 것은 없다. 베드로전서는 불신의 시대에 필요한 기독교적 용기에 대해 설득력 있는 그림을 제시한다.

거류민과 나그네와 같은 처지

베드로의 편지를 수신하는 교회들이 처한 상황은 로마서의 교회들이 처한 상황과 별반 다르지 않았다. 물론 저자는 바울이 아니었다. 사도 베드로가 저자였다. 그리스도를 세 번이나 부인했지만 교회의 기둥이 된 바로 그 사도였다. 그러나 베드로의 편지를 받은 그리스도인 무리는 바울의 편지를 받았던 로마인들과 처지가 비슷했다. 상황이 바뀌어 기독교가 로마 제국의 공식 종교가 되기 300년 전, 소아시아 전역에 흩어져서 로마 제국의 지배를 받았던 이 신자들은 사회적으로는 적대시되고, 최악의 경우 신체적 위해까지 받는 세계에서 살고 있었다.

역사는 이 교회들이 처한 상황이 이후로 훨씬 더 악화되었다고 말해 준다. 앞으로 닥칠 일에 대해 성령이 하나님의 백성들을 준비시키시는 베드로전서를 참고하라.

주님이 작정하시면 초대 교회처럼 극심한 고난과 박해는 받지 않겠지만, 우리는 지금 점점 더 사회의 주변부로 밀려나고 있다. 적어도 그리스도인들이 편협하고 어리석다는 편견은 사라지지 않을 것이며, 이런 인식은 더욱더 악화될 것이다. 나는 텍사스에서 출생했고 이곳 사람들은 기본적으로 모태 교인이다. 하지만 이곳에서도 이미 그리스도인들을 바라보고 대하는 사람들의 태도에서 미묘한 변화를 감지할 수 있다. 마을마다 교회가 있는 텍사스마저 이런 지경이다. 시애틀이나 뉴욕에서, 아니면 유럽의 어느 곳에서 이 책을 읽고 있다면 이 점을 훨씬 더 분명하게 실감할 것이다.

베드로는 일차 독자들에게 그들이 '거류민과 나그네' 같다고 말한다^{벧전 2:11}. 어느 곳에도 속하지 않은 국외자이자 부적응자였기에, 이런 베드로의 지적이 그들에게는 새삼스러운 내용도 아니었을 것이다. 사람들이 그들을 대하는 모습만 보면 바로 확인할 수 있는 사실이었다. 베드로전서가 오늘날 우리에게 그토록 공감을 불러일으키는 이유가 여기에 있다. 기독교 국가가 전성기를 구가하던 시절에는 낯설게 들렸을 성경 구절이겠지만, 분명히 현재 우리에게는 그렇지 않다. 이 세상이 우리 본향이 아니므로 우리 역시 나그네다. 우리 역시 사람들이 우리를 "악행한다고 비방하는"^{벧전 2:12} 현실과 맞닥뜨리고 있다. 우리 역시 혹한의 겨울로 들어서고 있다.

은혜에 굳게 서서 영원을 기대하라

베드로는 위대한 전사이신 하나님의 놀라운 이야기에서 자신의 현재 위치를 확인했다.

베드로는 사탄이 패배했지만 완전히 무너진 것은 아님을 알았다. 또한 사탄이 예수님의 승리를 수포로 되돌리고자 발악하고 있어도, 교회가 한 사람씩 믿음으로 나아와 그 믿음을 지킴으로써 어둠을 밀어내는 빛으로 존재해야 함을 알았다.

우리는 그리스도의 죽음과 부활 이후 시대를 살고 있지만, 이 시대는 그분이 아직 최종적으로 적을 무너뜨리기 전이라는 사실을 염두에 두고 5장 8-11절에서 베드로가 한 말을 읽어 보라.

> 근신하라. 깨어라. 너희 대적 마귀가 우는 사자 같이 두루 다니며 삼킬 자를 찾나니 너희는 믿음을 굳건하게 하여 그를 대적하라. 이는 세상에 있는 너희 형제들도 동일한 고난을 당하는 줄을 앎이라. 모든 은혜의 하나님 곧 그리스도 안에서 너희를 부르사, 자기의 영원한 영광에 들어가게 하신 이가 잠깐 고난을 당한 너희를 친히 온전하게 하시며 굳건하게 하시며 강하게 하시며 터를 견고하게 하시리라. 권능이 세세무궁하도록 그에게 있을지어다. 아멘.

사탄은 지금도 여전히 우리를 노리고 있다. 우리를 '삼키려고' 두루 다닌다. 두려움에 굴복하도록 만들 수 있다면, 불신의 시대가 기독교 교회의 종말을 의미한다고 믿게 할 수 있다면, 사탄은 우리의 믿음을 삼키고 포로로 우리를 끌고 갈 수 있다.

그래서 베드로는 말한다. "그를 대적하라."

그 말에 우리는 묻는다. "어떻게 말인가요?"

두 가지를 해야 한다. 즉, 은혜로 굳게 서고 영원을 기대해야 한다.

베드로는 "믿음을 굳건하게 하며 그를 대적하라"9절고 말한다. 다시 말해 '모든 은혜의 하나님'10절에 대한 믿음을 굳건히 해야 한다. 베드로는 이 편지를 쓴 이유를 요약하며 한마디로 이렇게 말한다.

> 너희에게 간단히 써서 권하고 이것이 하나님의 참된 은혜임을 증언하노니 너희는 이 은혜에 굳게 서라(12절).

우리는 하나님의 은혜에 발을 굳건히 내딛고 서서, 두려움과 패역에 굴복하고자 하는 유혹에 저항해야 한다. 이렇게 해야 하는 이유는 다음과 같다.

은혜로 우리는 모든 만물의 창조주 되신 분의 사랑을 받고 있음을 알게 된다. 만물의 재판관이신 분에게 죄 용서를 받고, 만물의 주권자의 돌보심을 받고, 만물을 붙드시는 분의 도구로 쓰임 받는 특권을 지닌 존재임을 알게 된다.

은혜로 우리는 '택하신 족속'이며 하나님의 특별한 소유임을 알게 된다벧전 2:9.

은혜로 우리는 하나님의 사랑을 더 받고자 더 노력할 필요가 없으며, 어떤 일을 해도 하나님의 사랑을 빼앗길 수 없음을 알게 된다.

사탄이 우리에게 무가치한 존재라고 말할 때, 은혜는 우리가 지극히 소중하다고 말해 준다.

사탄이 우리에게 아무 쓸모없는 존재라고 말할 때, 은혜는 우리가 용서받았다고 말해 준다.

사탄이 우리에게서 소중한 모든 것을 빼앗아 가겠다고 말할 때, 은혜는 우리에게 가장 필요한 것을 절대 빼앗길 수 없다고 말한다. 그것은 바로 하나님이다.

사탄이 우리가 절대 이길 수 없다고 말할 때, 은혜는 예수께서 이미 승리하셨다고 확인해 준다.

은혜로 우리는 사탄의 면전에서 큰 소리로 웃을 수 있다. 은혜로 두려움을 이기며 용기를 낼 수 있다.

우리의 현재 상황이 이렇다. 우리는 오직 은혜로 살아간다. 넘어지더라도 바로 다시 일어나서 은혜 위에 발을 단단히 내디딘다. 바로 그 자리에서 우리는 영원을 바라보며 우리가 하나님의 죄 사함 받은 백성이라는 바위처럼 단단한 확신을 가질 수 있다. "썩지 않고 더럽지 않고 쇠하지 아니하는 유업"을 잇기 위해 본향을 향해 걸어갈 수 있다. 그 유업은 "[우리를] 위하여 하늘에 간직하신 것"이다 벧전 1:4.

우리는 비주류로 계속 밀려날 것이고 세상 사람들의 조롱을 받을 것이다. 심지어 박해와 죽임을 당할지도 모른다. 베드로의 편지는 바로 이 모든 상황에 직면한 교회에 보낸 것이었다. 그가 그런 시련에 대해 어떻게 설명하는지 알아차렸는가? "잠깐 고난을 당한 너희를…"벧전 5:10.

잠깐이라고? 왜 그는 이런 표현을 사용하는가? 영원과 비교할 때 이 세상의 삶은 눈 깜짝할 정도로 짧기 때문이다. 그저 찰나적 시간이다. 사탄은 우리가 이 찰나적 시간에 눈을 고정하기 원한다. 이 불신의 시대에는 이런 찰나적 시간도 견디기 어렵고 힘들게 보인다. 하지만 은혜는 우리가 영원을 고대하도록 이끈다. 은혜는 우리가 지금 어떤 상황에 직면해 있든지 소망과 기쁨과 용기로 그 상황을 이길 수 있음을 일깨워 준다. 모든 은혜의 하나님이 그리스도 안에서 우리를 부르사 자기의 영원한 영광에 들어가게 하셨기 때문이다10절.

하나님이 "예수 그리스도를 죽은 자 가운데서 부활하게 하심으로 말미암아 우리를 거듭나게 하사 산 소망이 있게"벧전 1:3 하셨기 때문에 이 미래가 확실히 보장된다. 부활이 극히 중요한 이유는 마지막 우주적 단계가 도래하리라는 사실을, 즉 영원이 실제로 기다리고 있다는 사실을 입증해 주기 때문이다.

부활이 없다면 우리의 믿음은 헛되고 우리의 용기도 허망하다. 부활이 있어야 견고하게 서 있을 수 있다.

불신의 시대에 살고 있다 하더라도, 우리는 우리 구주와 함께 하며 형언할 수 없는 영광을 누릴 영원을 향해 나아가고 있다. 예수께서 부활하셨다. 베드로는 은혜에 굳게 서서 영원을 바라보라고 말한다.

그렇다면 우리는 어떻게 살아야 하는가?

좋다. 그러나 여전히 의문은 남는다. 소망을 갖고 용기를 가진 다음에는 어떤 인생을 살아야 하는가? 하나님의 위대하심을 이해하기 시작했고, 그분의 이야기와 그 안에서의 우리의 역할을 듣고 가슴 설레고 흥분되었다. 은혜에 굳게 서서 영원을 고대하고 있다. 그럼 이제 기독교 사상가 프란시스 쉐퍼Francis Schaeffer의 지적대로 "그렇다면 우리는 어떻게 살아야 하는가?"

분명히 말하지만 이 책의 주요 목표는 이 불신의 시대에 믿음으로 신실하게 살기 위한 획일화된 청사진을 제시하는 데 있지 않다. 여기서 강조하고자 하는 것은 전략이 아니라 태도다. 용기로 힘을 얻은 생각과 마음의 상태다. 그러나 아무 방법도 제시하지 않고 각자의 판단에 완전히 맡긴다면 잔인한 처사라 할 것이다. 감사하게도 베드로전서는 그 방법을 상세히 소개한다.

너희가 순종하는 자식처럼 전에 알지 못할 때에 따르던 너희 사욕을 본받지 말고, 오직 너희를 부르신 거룩한 이처럼 너희도 모든 행실에 거룩한 자가 되라. 기록되었으되 내가 거룩하니 너희도 거룩할지어다 하셨느니라. 외모로 보시지 않고 각 사람의 행위대로 심판하시는 이를 너희가 아버지라 부른즉 너희가 나그네로 있을 때를 두려움으로 지내라(벧전 1:14-17).

용기의 일차적 영향 혹은 결과는 거룩이다.

주께서 무엇이든 가장 잘 알고 계시며, 그분의 이야기가 우리에게 생명과 삶의 의미와 기쁨을 주는 유일하고 참된 이야기라는 소망과 확신이 있다면, 우리 문화가 용인하거나 찬사를 보내는 대로 따라가고 싶은 유혹에 굴복할 가능성도 줄어들 것이다. 바울이 말한 대로 "이 세상을 본받지" 않게 된다롬 12:2. 세속 문화와 시류에 편승하지 않고 우리 하나님의 뜻과 생각에 더 귀 기울이며 관심을 가지게 된다. 이 사회의 방식이 아니라 그분의 말씀에 순종하게 된다. 하나님이 주시는 거대한 용기가 있으면 하나님의 거룩을 추구하게 된다.

거룩은 성실함과 신실함으로 나타난다.

한 가지 사례를 소개한다. 우리 교회에는 자기 분야에서 탁월한 실력으로 차근히 승진을 거듭했던 여성이 있다. 똑똑하고 고학력자였던 그녀는 최고의 자리를 눈앞에 두고 있었다(단언하건대 최고위직 자리는 따 놓은 당상이었다). 승승장구하던 그녀는 떳떳하지 못할 뿐더러, 불법적인 일도 서슴지 않는 상사를 만났다. 그녀는 그런 일에 동조하며 양심을 거스르는 일을 주님이 기뻐하시지 않는다는 사실을 알았다. 하지만 가족들의 생계가 그녀에게 달려 있을 정도로 가정에서 그녀의 역할은 절대적이었다. 단순히 긴 여름휴가를 포기하는 차원이 아니었다. 각종 공과금을 지불하고 식구를 먹여 살리는 일에 그녀가 핵심적인 역할을 하고 있었다.

그러나 진퇴양난의 상황에도 불구하고 그녀는 상사의 불법 행위를 상부에 보고했다. 보직에서 물러나 동료들에게 증언하고 스스로 회사를 나왔다. 그 당시 심각한 불경기였던 터라 직장을 구하기가 쉽지 않았다. 직장을 찾기까지 한동안 시간이 걸렸다. 생활이 곤궁해졌고 가정 형편이 힘들어졌다.

그녀는 모은 재산도, 변변한 직업도 없이 근근이 생계를 이어 나갔다. 그러나 정직함과 성실함은 포기하지 않았다.

이것이 용기다. 현재의 상황, 특히 이 불신의 시대에 감지되는 두려움을 넘어선 무엇인가로 힘을 공급받는 일상적인 그리스도인의 생활이 이런 모습이다. 우리가 아버지이시자 심판자이신 하나님, 놀라운 부와 지혜와 지식의 하나님을 경외하며 걸어간다면, 용기와 정직함으로 한결같은 삶을 살 수 있을 것이다.

용기란 남들과 구분되어 다르게 사는 것을 말한다. 의롭게 사는 것을 말한다. 비루하게 사람들을 이용하지 않는 것을 말한다. 우리는 우리보다 더 거대한 무엇인가를, 매달 받는 월급보다 더 중요한 무엇인가를 위해 살며 일하고 있음을 사람들에게 보여 준다. 직업이나 명성, 심지어 우리의 안전보다 훨씬 더 중요하고 소중한 무엇인가, 어떤 존재가 있다.

용기는 거룩을 추구하며 그것은 신실한 삶으로 표현된다.

선을 추구하는 용기

다음으로 용기는 헌신의 모습으로 나타난다. 먼저는 교회에 헌신하고 다음으로는 공동의 선에 헌신한다.

선교와 사역에 전문가와 비전문가가 있다는 기독교 국가의 해묵은 거짓말을 믿지 말라. 또한 급여를 지불한다면 그 수고의 대가로 돈을 받는 이들에게 무거운 짐을 떠맡겨도 된다는 거짓말을 믿지 말라. 우리 중 실제로 이런 사실을 입 밖으로 내는 이는 많지 않겠지만, 행동에서 이런 사고방식을 드러내는 경우가 적지 않다. 목회를 하다 보면 이런 모습을 수없이 본다. 하지만 베드로는 이렇게 말한다.

너희가 진리를 순종함으로 너희 영혼을 깨끗하게 하여 거짓이 없이 형제를 사랑하기에 이르렀으니 마음으로 뜨겁게 서로 사랑하라(벧전 1:22).

기독교적인 용기를 지닐 때 우리는 서로 사랑할 위험을 감수하게 된다. 복음을 듣게 하려고 전문가들에게 데리고 가기보다, 필요한 이들에게 직접 복음을 들고 가게 된다. 복음으로 격려를 받고 도전받아야 할 형제와 자매들이 있다면, 전문가들에게 일방적으로 맡겨 두지 않고 복음을 직접 전하게 된다.

헌신은 시간, 에너지, 돈, 수고, 관심, 마음을 쏟아 하나님의 가족인 형제와 자매들을 섬기는 수고를 감당하도록 요구한다.

용기가 서로서로 그리스도의 몸으로 사랑하도록 이끈다면, 헌신은 우리가 이웃과 공동체, 그 너머 도시들과 더 나아가 이 세상과 상호 작용하는 방식에까지 넘치도록 표현되며, 문화와 정치와 관계 맺는 방식에까지 수혈을 해준다. 그래서 베드로는 이렇게 말한다.

인간의 모든 제도를 주를 위하여 순종하되, 혹은 위에 있는 왕이나 혹은 그가 악행하는 자를 징벌하고 선행하는 자를 포상하기 위하여 보낸 총독에게 하라. 곧 선행으로 어리석은 사람들의 무식한 말을 막으시는 것이라. … 뭇 사람을 공경하며 형제를 사랑하며 하나님을 두려워하며 왕을 존대하라(벧전 2:13-17).

지금은 '왕을 공경하기'가 어렵다고 생각할지 모른다. 시도조차 하지 않는 그리스도인들도 많다. 그러나 이 말씀을 처음 접했던 일차 독자들이 말과 행동으로 통치자를 공경하기란 더 어려운 일이었음을 잊지 말라. 그들의 황제는 그들의 신앙에 적대적이었고, 그들을 핍박하는 데 권력을 남용했다. 그러나 그들은 황제에게 소망을 두지 않았고, 그들 자신의 명성이나 안전에 소망을 두지도 않았다. 그들의 소망은 부활하신 왕과 확실한 영원에 있었다.

그들은 그들이 몸담고 삶으로 살아내는 이야기가 무엇인지 알았다.

이 하나님과 그 이야기에서 용기를 얻을 때 우리는 거리낌 없이 사랑할 수 있다.

정치의 경우, 그리스도인으로서 우리가 꼭 '이길' 필요는 없다. 특정 정당에 소망을 두거나 상대 당이 이겼다고 분노할 필요가 없다. 마치 한낱 인간이 하나님의 계획을 망치기라도 할 것처럼, 하나님이 하늘 보좌에 앉아 "오, 이 민주주의 제도가 일을 다 망치고 있군. 저 인간들이 저 당에 투표해서 내 계획을 제대로 이루기가 어렵게 됐어. 다른 사람을 뽑았어야지"라고 말씀하시는 것처럼 반응할 필요가 없다. 후안 산체스Juan Sanchez는 「당신을 위한 베드로전서」1 Peter for You라는 책에서 이렇게 말한다.

> 우리의 주권자 되신 주는 자신이 하는 일을 알고 계신다. 고난을 헛되이 낭비하지 않으시듯이, 선거로 선출된 어떤 정부도 헛되이 허비하시지 않는다. 우리는 특정 인물이 권력을 잡는 이유를 다 이해할 수 없지만, 우리 왕이 그 배후에 계심을 확신할 수 있다.

무엇보다 이것은 그분의 이야기이고, 결말은 이미 확실하며, 그분이 대본을 써 내려 가시는 중이다.

우리가 두려움으로 행동하면, 정치 영역이 도덕성을 정식으로 법제화하고 통제하는 도구라고 생각하거나, 우리 자신을 보호하기 위해 세상을 통제하는 방편으로 혹은 철저히 회피해야 할 악으로 바라보게 된다. 그러나 용기로 행하는 자들은 공동선을 추구하고, 인간 번영을 증진시키며, 궁극적으로 남들을 사랑하는 방편으로 정치를 바라본다.

이 불신의 시대에 용기는 우리에게 긍정적으로 말하고, 일치를 추구하며, 우리를 반대하거나 소외시키려고 하는 자들을 사랑할 힘을 준다. 그리스도를 거부하는 사회가 그리스도의 법과

어긋나게 행할 때 놀라지 않고 분노하지 않으며, 더 나아가 포기하지 않고 사랑하고, 축복하고자 애쓸 능력을 준다.

이런 노력은 물러나 분노하는 것보다 훨씬 더 많은 용기가 필요하다.

진리를 말할 용기

그리스도 안에서 우리에게 주신 은혜와 소망은 베드로전서의 토대를 이루며, 그리스도인이 용기를 가져야 할 근거로 작용한다. 베드로전서는 여기서 나아가 그 은혜와 소망의 청지기 역할을 요청하며, 궁극적으로 이 요청은 그 은혜와 소망을 함께 나누라는 부름에서 절정에 이른다.

다시 말해서 용기는 복음 전도로 표현된다.

말하자면 우리 형제와 자매들이 그리스도 앞에 나아가도록 이끄는 것보다 그들을 더 사랑할 방법이 없다는 말이다. 이웃을, 더 나아가 원수를 사랑하는 방법 중에 그리스도께 나아가도록 그들을 이끄는 것보다 더 나은 방법이 있는가? 지금까지 언급한 모든 노력을 다 하면서도 그리스도께로 인도하는 단 한 가지를 생략한다면, 그것처럼 누군가를 더 미워할 수 있는 방법이 있겠는가?

다음 장에서 이 주제를 더 심층적으로 살펴보겠지만, 여기서 이 주제를 꼭 언급해야 할 이유가 있다. 베드로가 그렇게 하기 때문이다. 실제로 그는 우리의 복음 증거를 예수 그리스도에 대한 올바른 시각의 확립과 연결시킨다.

> 너희 마음에 그리스도를 주로 삼아 거룩하게 하고 너희 속에 있는 소망에 관한 이유를 묻는 자에게는 대답할 것을 항상 준비하되(벧전 3:15).

우리는 영국의 목사이자 복음 전도자인 리코 타이스Rico Tice가 지적한 것과 같은 시대에 살고 있다.

> 복음 메시지를 향한 적대감이 날이 갈수록 심각해지고 있다. 하지만 또한 다른 일도 진행되고 있다. 무엇인가에 대한 갈망도 더 자라고 있는 것이다. 진리를 거부하며 절대적인 도덕적 기준에 거부감을 보이는 세속주의와 물질주의라는 흐름 역시 공허하고 허무한 삶의 방식임이 증명되고 있다. … 우리 문화가 복음에 대해 적대적인 태도를 부추긴다 하더라도 사람들은 내면적으로 복음의 메시지에 굶주려 있는 자기 자신을 점점 더 확인하게 될 것이다.
>
> – 정직한 복음 전도(Honest Evangelism)

얼핏 보면 요즈음 모든 사람이 그리스도인들을 경멸하는 것처럼 보인다. 과거에 매몰된 미개한 블레셋 족속이나 되는 것처럼 생각하는 것 같다. 쉽게 말해서 우리는 불신의 시대에 살고 있다. 그렇다고 모두가 절대 신은 없고 이 가시적 세계 너머에 아무것도 없다는 철통같은 신념을 고집하는 무신론자들이라는 의미는 아니다. 어떤 면에서 사람들은 어느 때 못지않게 신이라는 존재에 대해 호기심이 강하다.

물질 이상의 존재에 대한 갈망이 존재한다. 현실 너머의 어떤 존재에 대한 갈증이 있다. "기묘한 이야기"Strange Things와 "레프트 오버"The Leftovers와 같은 텔레비전 프로그램이든 "컨택트"Arrival처럼 지난 10여 년 동안 출시된 수많은 슈퍼 히어로 영화이든, 우리가 선택해서 보는 프로그램들은 사람들이 회의주의와 냉소주의에 오염되어 있지만 그래도 초월적이고 특이한 존재에 집착하고 있다는 사실을 암시한다.

이런 말을 하는 이유는 한 가지 핵심을 강조하고 싶어서다. 그것은 사람들은 영적 대화를 기꺼이 할 의향이 있다는 것이다. 사람들은 영성과 영원에 대해 대화할 기회를 찾고 있다. 의심하고 주저하면서도 '우리 안에 있는 소망에 관한 이유'를 물어볼 준비가 되어 있다. 때로는 공격조로, 때로는 호기심 어린 눈초리로, 우리는 가졌지만 그들은 원해도 찾을 수 없는 이유를 알고 싶어 한다.

그리고 사람들이 그런 질문을 할 때 베드로는 "이유를 묻는 자에게 대답할 것을 항상 준비하라"고 명령한다. 우리는 적의에 부딪힐 위험을 각오하고 초월자를 향한 사람들의 갈망과 굶주림을 확인해야 한다. 물론 이런 일에는 용기가 필요하다. 하지만 우리와 달리 어떤 것에도 구속받지 않으시며, 지혜와 부요와 지식에 영광스러운 하나님 안에서 우리는 용기를 얻을 수 있다.

우리는 이것을 필요 이상으로 복잡하게 생각하기 쉽다. 용기란 어떤 것인지 생각해 보자. 가령 아는 누군가에게 말을 건다고 해보자.

"여보게, 날 용서해 주게나."

"무슨 일인데?"

"오랫동안 자넬 알고 지냈는데, 용기가 부족해서인지 아니면 우리 우정에 혹시 금이 갈까 겁이 나서인지 중요한 사실을 알려 주지 못했어. 예수님과 나의 관계에 대해, 그리고 하나님이 내 인생에 하신 일에 대해 자네에게 알려 주고 싶어."

복잡할 필요가 없다. 어렵게 생각할 필요가 없다. 온갖 바른 말을 논리적으로 전하거나 군더더기 없이 완벽하게 상대방을 설득하려 할 필요가 없다. 그러나 용기는 꼭 필요하다.

그리고 감사하게도 우리는 주 안에서 그 용기를 얻을 수 있다.

21세기의 기독교적 용기는 1세기에 용기가 맡았던 것과 동일한 역할을 한다. 기독교 국가 이전의 로마 제국에서처럼, 기독교 국가 이후의 서구에서도 동일하게 용기가 필요하다. 성결함과 신실함도 마찬가지고, 인생의 모든 영역에서의 서로와 타인에 대한 헌신, 그리고 복음 전도도 마찬가지다. 이렇게 해서 우리는 자연스럽게 다음 장으로, 불신의 시대에 그리스도인으로서 용기를 드러낼 수 있는 매우 놀라운 한 영역으로 넘어가게 된다.

06
용기의 또 다른 모습, 따듯한 환대

계속해서 강조하는 말이지만, 이 책은 이런 도전적인 시대를 살아낼 새로운 전략을 제시하는 데 목적이 있지 않다. 이 책은 필자만의 확실한 비결을 제시하는 데 큰 관심이 없다.

이 책의 목적은 하나님에 대한 거대한 시야를 제공하는 데 있다. 지식과 지혜와 부가 무한하시며 이야기의 결말을 이미 써 놓으신 전사로서의 하나님을 소개함으로 세속적인 포스트 기독교, 포스트 모든 것의 세상에서 신실함과 기쁨으로 용기를 갖고 살도록 힘을 얻게 하는 데 목적이 있다.

그러나 앞 장에서 베드로전서에 비추어 살펴보았듯이, 이런 용기는 매일의 일상생활 속에서 실제적이고 근본적인 방식으로 효과를 발휘할 수 있다. 이제 논의를 여기서 더 진전시키고자 한다. 이 전체 개념을 구체적으로 적용하여, 일상생활 속에서 그 용기가 실제로 어떤 모습으로 드러나는지 계속해서 그림을 그려나가고자 한다. 매일의 삶 속에서 어떤 의미를 지니는지 보면 분명 놀라움을 금치 못할 것이다.

모든 권세

마지막에 언급한 말이 놀랍게 여겨질지 몰라도, 우선은 익숙한 내용으로 글을 시작하고자 한다. 바로 마태복음 28장 18-20절 말씀이다.

> 예수께서 나아와 말씀하여 이르시되, 하늘과 땅의 모든 권세를 내게 주셨으니 그러므로 너희는 가서 모든 민족을 제자로 삼아 아버지와 아들과 성령의 이름으로 세례를 베풀고 내가 너희에게 분부한 모든 것을 가르쳐 지키게 하라. 볼지어다, 내가 세상 끝날까지 너희와 항상 함께 있으리라 하시니라.

본격적으로 살펴볼 내용은 이 구절의 후반부이지만, 먼저 전반부의 내용을 살펴볼 필요가 있다. 이 내용이 얼마나 중요한지는 아무리 강조해도 지나침이 없다.

예수님은 자기 백성들에게 진군 명령을 내리시는 와중에도 기독교적 용기의 원천이 어디로부터 오는지 일깨워 주신다. 제자들에게 명령을 내리기 전에, 그들이 부르심에 순종하는 일이 얼마나 어려운지 인정하시며, 그들이 직면할 도전보다 자신이 훨씬 더 크다는 사실을 알려 주신다.

예수님이 '하늘과 땅의 모든 권세'를 받으셨다는 사실을 확인할 때마다, 나는 잠시 멈추고 '좋아 챈들러! 주님이 바로 이어서 무슨 말씀을 하시든 아무 걱정 없어. 하늘과 땅의 모든 권세가 예수님께 있다면, 그분이 나의 주님이시니 어떤 상황이 생기든 내게 유익한 방향으로 해결될 것이 분명하잖아. 나는 그분의 것이고 그분은 모든 권세를 가지고 계신 분이잖아. 어디서나 늘 말이지'라고 스스로를 타이르곤 한다.

나는 이 사실을 알아야 하고 당신도 이 사실을 알아야 한다. 그리고 이 사실은 우리가 이 명령에 실제적으로 순종하는 데 꼭 필요한 근거가 된다.

가야 한다

그러나 예수님이 "가라"고 말씀하셨으므로, 그 실제적인 의미를 살펴볼 필요가 있다.

성경 해석에 있어 그리스도인끼리도 서로 의견이 갈리고 논쟁을 벌인다고 하면 믿기 어렵겠지만, 실제로 '가라'는 단어의 의미를 두고 그리스도인들 사이에 논쟁이 이어지고 있다. 나는 논쟁을 벌이는 양측이 사실상 같은 내용을 주장한다고 생각한다 (그리스도인들은 실제로는 대부분 '양자 모두 가능한 것'을 매사에 '양자택일'로 구분하기를 좋아한다. 하지만 이것은 주제에서 벗어나므로 더 이상 논의를 진전시키지 않겠다). 결혼한 부부라면 내가 하는 말이 무슨 뜻인지 이해할 것이다. 배우자와 같은 말을 하고 있으면서도 서로 그 사실을 미처 알아차리지 못할 때가 있다는 말이다.

그래서 '가라'는 말에 대한 의미를 두고 한쪽에서는 "맞아요. 이 명령의 의미는 실제로 가는 겁니다. 짐을 모두 챙겨 떠나는 거예요. 모든 열국으로 가야지요. 짐을 꾸려 고국을 떠나 그리스도를 모르는 곳으로 가서 복음을 선포하고 가르쳐야 합니다"라고 말한다.

예수님이 여기서 말씀하시는 내용이 정확히 바로 이 내용이라고 생각한다.

그러나 이 주장을 받아들이지 않는 측에서는 헬라어로 '가다'라는 단어는 '네가 가는 곳마다'As you go, therefore와 유사한 의미를 함축하고 있다고 주장한다. 그러므로 선교사들처럼 실제로 짐을 꾸려 타국으로 가는 것이 아니라, 각자 가정이나 직장, 혹은 지역 공동체 등에서 주어진 사명을 감당해야 한다는 것이다.

여기서 예수님의 이 명령은 정확히 이런 의미도 포함하고 있는 것으로 보인다.

그리스도인이라고 모두가 선교사가 될 필요는 없다. 모든 그리스도인이 본국을 떠나 세계의 다른 문화권으로 가서 복음의 좋은 소식을 전하는 선교사로 부름 받은 것은 아니다. 우리 모두가 다 선교사가 되지는 않는다. 그러나 모든 그리스도인이 사명을 감당하며 살아야 한다는 사실은 분명하다. 어떤 이들은 짐을 챙겨 타국으로 가고, 어떤 이들은 있는 그 자리에 그대로 머무른다. 그러나 어느 경우이든 모든 그리스도인은 인생을 하나님의 선교에 헌신하며 어둠을 몰아내고 잃어버린 자를 찾아 구원하는 데 매진해야 한다.

그러므로 짐을 꾸려 해외로 가든지, 혹은 어린 시절을 보낸 곳에서 3블록 떨어진 곳에서 일상생활을 하든지, 예수님이 주신 명령은 동일하다.

> 모든 민족을 제자로 삼아 아버지와 아들과 성령의 이름으로 세례를 베풀고 내가 너희에게 분부한 모든 것을 가르쳐 지키게 하라(마 28:19-20).

하나님이 우주적 전쟁의 4단계에서 어떻게 계획을 실행해 가시는지 기억하라. 하나님은 그분의 교회를 통해, 그분의 백성을 통해 그 계획을 이루어 나가신다. 그분의 계획은 모두 이루어질 것이다. 그분에게는 모든 권세가 있다. 그러나 구체적으로 당신과 내가 용감하게 삶을 감당하며 복음을 입으로 전하는 방식으로 그 계획은 이루어진다. 나는 당신이 어떤 사람인지 모른다. 하지만 당신을 알아가는 일은 꽤 경이로운 일이다.

우리는 예수의 제자를 만들라는 명령을 받았다. 그러나 이 명령은 결코 감당하기 쉽지 않다. 예수님이 "너희와 항상 함께 있으리라"라고 힘주어 말씀하시는 이유는, 그 과정 가운데 때로 그분이 옆에 계시지 않는 것처럼 느껴질 수 있기 때문이다. 또한 무슨 일을 하든지 주님이 우리와 함께해 주셔야 한다는 사실을 우리가 분명히 인식해야 하기 때문이다. 성령으로 그분은 우리가 가는 곳마다 함께해 주신다. 그러나 그분이 우리와 함께하시기 위해서는 해외로 나가는 경우이든, 길 하나를 건너야 하는 경우이든, 우리가 먼저 가야 한다.

용기란…

이제 "좋아요, 매트 목사님. 훌륭한 말씀이에요. 예수님의 대위임 명령을 다시 기억하게 해주셔서 감사해요. 하지만 기독교 국가 시대가 끝난 이 마당에 이 모든 수고를 왜 감당해야 하나요? 그런 용기를 내야 할 필요가 어디에 있나요?"라고 반문할지 모르겠다.

그 이유가 있다. 우리가 우리 인생과 반응에 대해 이야기하고, 불신의 시대에 용기를 내어 신실하게 사는 것이 어떤 의미인지 이야기할 때, 대위임 명령을 반드시 말해야 하기 때문이다. 이런 삶이 우리의 사명이고 그리스도인으로서 삶이다. 우리가 하는 모든 일이 이 대위임 명령으로 귀결된다. 베드로전서에 따르면, 용기는 성결한 신실함과 헌신과 더불어 복음 전도로 나타난다.

다시 말해서 용기는 어느 곳에 있든지 항상 복음을 전하는 것으로 나타난다. 그러나 어쩌면 특별히 이 불신의 시대에 용기는 손님 접대, 즉 환대로 나타날 수 있다.

그렇다. 잘못 듣지 않았다.

용감하게 산다는 것은 누군가를 환대하는 것이다.

누군가를 환대하는 것이 용기 있는 삶의 전부라는 식으로 내 말을 오해하지 말라(혹은 복음 전도와 제자도의 전부라고 오해하지 말라). 그렇다고 용감하게 산다는 것이 누군가를 환대하는 것이라는 말을 소홀히 여기지도 말라. 이 불신의 시대에는 그 이상의 중요한 의미가 있다.

누군가를 환대하라는 말에 별로 구미가 당기지 않거나 혼란스러운 감정이 앞선다면, 마사 스튜어트('살림의 여왕'으로 유명한 미국의 여성기업인—편집자 주)가 환대의 개념을 평범한 우리 일상과 상관없이 명절 시즌에 집안을 꾸미고 근사한 요리를 준비하는 식으로 사용함으로써, 그 의미를 변질시켰기 때문이다. 그렇다고 환대의 이런 차원을 거부하거나 부정하지는 않는다. 다만 환대라고 할 때 성경에서 강조하고자 하는 본질적 의미는 아니라는 것이다.

성경에서 말하는 환대는 거의 항상 이방인이나 소외된 자들, 다시 말해 우리와 이질적인 사람들과 관련이 있다. 환대에 대한 성경적 개념을 제시해야 한다면, 나는 '일반적인 친구들의 모임 밖에 있는 사람들을 사랑으로 환영하는 것'이라고 말하고 싶다. 나의 생활과 가정을 나와 다르게 믿는 사람들에게 개방하는 것이다. 성경은 환대에 대해 아주 진지하게 말하고 있다.

> 손님 대접하기를 잊지 말라. 이로써 부지중에 천사들을 대접한 이들이 있었느니라(히 13:2).

(이 상황이 구체적으로 어떠했는지 모르겠지만 굉장히 놀라운 경험인 것 같다. 나그네들을 환대하다가 부지중에 천사를 대접할 수도 있다니.)

하나님이 환대를 너무나 중요하게 생각하셨기 때문에, 바울은 지역 교회의 장로가 될 자격 요건과 필수 자질을 거론하면서 다음과 같은 조건을 제시했다.

책망할 것이 없으며 한 아내의 남편이 되며 절제하며 신중하며 단정하며 나그네를 대접하며 가르치기를 잘하며(딤전 3:2).

대부분의 조건들은 이해가 된다. 책망할 것이 없어야 하고, 한 아내의 남편이어야 하며, 가르치기를 잘해야 한다. "도무지 신뢰할 수 없는 사람이라는 것을 모두가 아는데 저 사람이 우리 지도자라니. 아내에게 부정을 저지른 저 사람이 우리 장로라니. 성경을 가르칠 줄도 모르고 의미도 전혀 모르는 사람에게 설교를 맡기자고?" 이런 요건들은 너무나 당연하다.

그러나 나그네를 대접하라고? 장로가 되고자 한다면 자신과 다른 신앙을 가진 사람들에게 자기 생활을 드러내고 친절을 베풀어야 한다고? 신념과 사고방식이 다른 사람들에게 자기 세계를 개방해야 한다고? 그렇다. 정말이다.

그렇다면 성경은 왜 환대를 그렇게 강조하고 중시하는가? 가장 간단한 진리로 정리한다면, 하나님이 계속해서 우리를 환대해 주셨기 때문이다. 우리가 그분의 원수로 살고 있었을 때 하나님이 친히 오셔서 우리를 구원해 주셨다. 그분의 아들의 사역을 통해 아버지께서 문을 여시고, 그분의 내주하시는 성령을 통해 그분의 임재를 누리도록 초청해 주셨다. 하나님은 우리가 외인이자 나그네임에도, 약속 밖에 있었음에도, 그분에게 끊임없이 반역했음에도, 계속해서 반복적으로 우리에게 은혜를 베푸셨다.

하나님은 죄인 된 우리를 구원해 주시고, 그분의 영원한 집에서 그분의 식탁에 앉아 함께 먹도록 초청해 주심으로, 원수 된 우리를 환대해 주셨다.

주변 사람들을 환대하고 접대함으로 우리는 하나님께 받은 환대를 진심으로 감사하고 있음을 증명한다. 친구 존 파이퍼John Piper는 이렇게 말한다(desiringgod.org에서 1985년판 설교 "전략적 환대" strategic hospitality를 참고하라).

> 누군가를 환대하는 연습을 할 때 이런 일이 일어납니다. 고여 썩어가기보다는 하나님의 환대를 전하는 통로가 되어 새로운 회복의 기쁨을 누리게 되는 것입니다. 우리 스스로 사람들을 환대함으로 그 동력을 얻지 못한다면 하나님의 환대를 받는 기쁨은 썩어서 사라지고 말 것입니다.

성경적 환대가 21세기 복음 전도에 효력을 낼 수 있는 특효약이라는 말이 아니다(속보: 특효약은 절대 없다). 교회가 이런 환대를 실천하면 세상이 180도 달라져서 우리를 존경하는 시선으로 바라보는 마법 같은 일이 벌어진다는 의미도 아니다. 그런 일은 없다. 그러나 이미 말했듯이, 냉소적이고 극단적이며 비판적인 우리 문화 속에서 누군가를 환대하고 맞이하는 이런 따스한 처방은 누군가에는 충격적으로 느껴질 것이고, 그로 인해 예수 그리스도의 제자를 삼는 기회의 문이 열리게 될 수도 있지 않겠는가?

환대를 표현하는 네 가지 방식

우주의 삼위일체 하나님은 환대를 매우 중요하게 생각하신다. 환대를 통해 삶에서 대위임 명령을 실천하고, 이웃들에게 복음을 전할 수 있다. 특별히 오늘날처럼 교회를 너무나 이질적인 곳이라고 생각하는 불신의 시대에는 더욱 그렇다. 그러나 여전히 질문해 보아야 한다. 오늘날 우리는 어떤 식으로 환대를 베풀 수 있는가?

복잡하지 않다. 물론 그렇다고 환대를 베푸는 일이 쉽다는 의미는 아니다.

첫째, 만나는 모든 사람을 환대하라.

나는 아이들에게 누누이 가르친다. 사람들을 만나면 손을 잡고 눈을 바라보며 자기 이름을 말한 다음 상대방의 이름을 물어보라고 한다. 이런 훈련이 미국식 전통적 가치를 중시하는 프로그램 "비버는 해결사"Leave it to Beaver 혹은 "앤디 그리피스 쇼"The Andy Griffith Show에서나 나올 법한 장면이라는 생각이 들고, 기독교 국가 시절의 좋았던 옛 향수를 떠올리게 할지도 모른다. 그러나 그것은 중요한 핵심이 아니다. 핵심은 이렇게 함으로써 다른 사람들에게, 특히 생각과 가치관이 다른 이들에게 우리가 그들에게 관심이 있고 그들을 하나님의 형상으로 지음 받은 사람들로 고귀하게 생각한다는 마음을 전달하는 것이다.

그러므로 만나는 모든 사람을 환대하는 것이 최선이라고 생각한다. 나처럼 매우 외향적인 사람이라면 이런 일이 어렵지 않을 것이다. 그러나 내향적인 사람이라면 사정이 달라진다. 지금쯤 '그냥 2단계로 바로 넘어가면 안 될까?' 하고 생각할지 모른다. 그러나 일을 처리하는 최선의 방식은 가장 어려운 일부터 하는 것이다. 하나님이 은혜와 힘을 주시도록 기도한 다음, 사람들에게 안부를 묻고 환대를 베풀라.

둘째는 사람들과 교류하는 것이다.

만나는 모든 사람이 영원한 존재라는 사실을 기억하라. 누구를 만나더라도 언젠가 존재하지 않고 사라질 사람은 없으며, 하나님의 형상을 지니지 않은 사람은 아무도 없다. 그러므로 스쳐 지나가는 사람들에게도 관심을 기울이고 배려하라.

이 일이 과할 정도로 어렵다고 생각하지 않는다. 단지 열린 마음으로 내면의 호기심을 자연스럽게 드러내며 질문하면 된다.

"무슨 일을 하세요?"

"통제관입니다."

"그렇군요. 통제관은 무슨 일을 하는 건가요? 한 주간을 어떤 식으로 보내지요? 월요일에는 어떻게 보내시나요? 일정은 어떠세요? 일은 잘 되시는지요? 좋아요. 화요일은 다른가요? 일주일 중 완전히 다르게 보내는 날이 있나요?"

이런 일이 너무나 뻔하다고 생각할지 모른다. 그럼에도 우리는 행동으로 실행하지 않고 주저할 때가 적지 않다. 우리는 사람들을 알아 가야 하며, 관심을 갖고 그들의 말에 경청해야 한다. 무엇인가 기억에 남을 만한 말을 하거나 기분이 좋아지도록 유도하려고 노력하는 수준에 그쳐서는 안 된다.

"어떻게 사는지 말해 봐요. 결혼한 지 얼마나 되었나요? 두 분은 어떻게 만나셨나요? 결혼해서 살다 보면 어떤 점이 좋은가요? 어려운 때는 없나요? 힘들고 고민스러운 부분은요?"

이 글을 읽고 '와, 전부 사생활에 관한 내용이잖아'라는 생각이 들 수 있다. (현재의 특정한 문화를 고려할 때) 이런 수준의 대화에도 사람들이 얼마나 흔쾌히 응하는지 알면 상당히 충격을 받을 것이다. 우리는 모두가 서로 아는 듯하지만 실제로 누구도 알지 못하는 세상에 살고 있기 때문이다. 수백 명의 페이스북 친구가 있지만 내 생활에 개입하고 사실대로 진지하게 지적해 줄 사람은 찾아보기 힘들고, 내 상태가 엉망이거나 조언이 필요할 때 정작 의지할 사람이 하나도 없는 세상에 우리는 살고 있다. 사람들은 누군가가 자신을 알아주기를 진심으로 갈망한다. 달라스 카우보이스 미식축구팀이 올해 거둔 성적에 관한 대화 수준으로는 이러한 갈망을 충족시킬 수 없다. 우리는 그보다 더 깊은 대화에 굶주려 있다.

셋째는 함께하는 식사를 우선순위로 삼으라는 것이다.

성경은 몇 번이고 반복해서 함께 나누는 식사의 신성함을 이야기한다. 맛있는 요리와 좋은 음료로 충분히 시간을 들이며 식사를 하고 교제를 만끽하며 믿음과 소망, 마음에 감추어 둔 여러 걱정과 두려움을 중심으로 속 깊은 대화를 나누어 보라. 이것이야말로 더할 나위 없는 훌륭한 저녁 만찬이다. 성경은 이런 식사를 거룩하다고 말한다.

복음서를 보며, 저녁 식사 자리에서 중요한 일들이 얼마나 많이 일어났는지 생각해 보라.

죄를 지은 한 여인이 용서함을 받았고 율법주의적인 바리새인은 교만을 떨다가 낭패를 보았다 눅 7:36-50.

악착같이 돈을 모았지만 오히려 더 비참한 자신의 처지를 깨달은 세리 삭개오는 필요한 모든 기쁨이 그리스도 안에 있음을 발견한 후 주님과 한자리에 앉아 한때 놓칠세라 필사적으로 움켜쥐었던 재물을 아낌없이 나누어 주겠다고 선언했다 눅 19:1-10.

예수님의 친구 마리아는 예수님이 자신의 집에 오셔서 식사를 하시는 동안 그분의 발에 향유를 쏟아 드림으로 헌신의 마음을 표현했다요 12:1-3.

우리 주님은 임종을 앞두시고 친구들과 최후의 만찬을 나누시며 성만찬의 빵과 포도주로 눈에 보이는 '말씀'을 우리에게 전해 주셨다눅 22:14-20.

죽었다가 살아나신 구세주 우리 주님은 제자들과 생선으로 식사를 나누시고 세상을 변화시키는 사명을 맡기셨다눅 24:36-49.

만찬으로 삶에 변화가 일어난다. 그러므로 함께 나누는 만찬을 중요한 우선순위로 고수하라.

그렇다고 친구들과의 만찬을 이야기하는 것이 아니다. 물론 교회의 소그룹과 함께 식사를 나누고 좋은 친구들을 초청해 풍성한 식탁 교제를 나누는 것은 좋다. 하지만 환대는 '일반적인 친구들끼리의 교제권 밖에 있는 이들을 사랑으로 맞아 주는 것'임을 잊지 말라. 환대는 우리의 삶과 가정을 우리와 다르게 믿는 이들에게 개방하는 것이다. 하나님이 당신 주위에 두신 이런 사람들과 저녁 식사를 나누는 일을 우선순위로 삼으라. 그들을 당신의 삶 속으로 초청하여 그들을 알아가고, 교제하고, 사랑하고, 섬기며, 깨어지고 처절하게 망가진 세상을 함께 손잡고 걸어가 그들에게 자기 식탁에 초청하고자 죽으신 분의 사랑을 증거하라.

넷째는 이 모든 것에서 더 나아가 소외된 자를 사랑하라.

모든 직장 환경에서, 모든 주변에서, 어떤 이유에서든지 비주류로 소외당하는 이들이 존재한다. 막 그 지역으로 이사를 온 사람일 수도 있고, 당신이 사는 시나 나라로 이주해 온 사람일 수도 있다. 외부에는 드러나지 않았지만 집안에 곪고 있는 문제가 있는 사람일 수도 있고, 과거부터 계속된 해묵은 어려움을 가진 사람일 수도 있다. 이 말은 그들이 우리와 다르고 힘들어한다는 뜻이다. 하나님이 그들을 다르게 만드셨거나, 아니면 인생의 어려움과 낙심으로 인해 하나님이 주신 천성에 망가진 부분이 생겼을지 모른다. 어떤 경우이든, 이런 사람들이 분명히 우리 근처에 살고 함께 일하고 있다. 그들은 사방에 있다. 아마 이렇게 국제화된 세계에서는 더욱 그러할 것이다.

이제 우리는 당연한 듯이 이런 생각을 한다. '우리 동네에 사는 그 사람을 알아. 또 우리 아이들과 같은 반에 있는 저 아이들의 엄마도 알아. 그들이 외톨이인 이유가 있어. 그들은 우리와 달라. 좀 이상하지. 아무하고도 말을 섞지 않아. 그들하고 말을 터 보려 했지만 아무 관심도 보이지 않았어. 사는 게 엉망이라고 들었어.'

대놓고 입에 올리지는 않더라도 누군가를 보면서 속으로 이런 생각을 할 수 있다. 나도 그런 경험이 있다. 지금도 때로 그런 생각을 한다. 죄가 우리에게 영향을 미치기 때문에 우리는 우리와 다른 무엇인가를 보면 피해 달아나려 하고, 우리와 생각이 다르고 생김새가 다른 사람들과 함께 어울리기를 꺼리는 경향이 있다. 기본적으로 우리는 다양성에 거부 반응을 보이고, 동일성에 우호적인 반응을 보인다. 그러나 꼭 기억해야 할 것이 있다.

예수 그리스도라면 이런 사람들을 향해 다가가셨으리라는 사실이다.

그분의 사역을 보면 이렇게 먼저 다가가시는 모습을 수없이 확인할 수 있다. 누구도 함께하지 않으려는 사람들과 함께 식사하셨고, 소외된 아웃사이더들에게 손을 내밀고 그들을 환대해 주셨다.

무엇보다 그분은 우리 같은 사람들에게 다가오셨다. 우리는 아웃사이더였다. 주변에 아웃사이더가 있고 그들이 아무리 이상하고 괴상해 보인다 해도, 거룩하신 하나님과 우리의 거리에 비하면 아무것도 아니다.

> 우리가 아직 죄인 되었을 때에 그리스도께서 우리를 위하여 죽으심으로 하나님께서 우리에 대한 자기의 사랑을 확증하셨느니라(롬 5:8).

우리가 죄인이었을 때 그리스도께서 우리를 위해 오셨다. 성자 하나님은 나를 보시고 "매튜 챈들러가 얼마나 멋진 친구인지 모르셨습니까? 아버지여, 꼭 우리처럼 완벽하군요. 당장 만찬에 초대해야겠습니다. 영원히 말입니다"라고 말씀하지 않으셨다. 매트 챈들러는 완벽한 성부, 성자, 성령과 어떠한 공통점도 없는 죄인이었고 아웃사이더였다. 하나님은 그런 나를 구원해 주셨다. 나와 당신에게 파격적인 환대를 베푸셨다.

이것이 우리가 아웃사이더를 사랑해야 하는 이유다. 우리가 아웃사이더였던 것이다. 바로 우리 이야기였다.

한 무슬림 가족과 교제하다

용기를 내어 살며 누군가를 환대하는 것이 무엇인지 생각하다 보면, 좋은 친구이자 탁월한 목회자인 압신 자파트Afshin Ziafat가 생각난다. 압신이 여섯 살 때 그의 가족은 이란에서 텍사스 휴스턴으로 이주했다. 그때는 70년대로, 이란에 이슬람 혁명이 일어나 인질 사태가 터지고, 수년 동안 한 무리의 미국인들이 인질로 잡혀 있던 시기였다.

압신의 가족이 미국에 도착했을 때 미국인들은 결코 그들에게 우호적이지 않았다. 사람들이 창문으로 던진 돌이 집안으로 날아들기도 했고, 누군가가 자동차 타이어를 긁어 놓기도 했다.

그의 가족은 괴롭힘을 당하고 물리적 폭력의 위협을 당하기도 했다. 오로지 그들이 무슬림이고 이란 사람이라는 이유 때문이었다.

그러나 문화적으로 매우 혼란스럽고, 무슬림과 이란인에 대한 적대적인 분위기가 팽배하며, 압신의 가족들이 고립감과 두려움에 시달린 이 시기에, 용기를 내어 다르게 행동한 한 여성이 있었다.

압신이 다니던 초등학교의 영어 선생님은 그의 가족과 접촉했던 다른 미국인들과 다르게 행동했다. 복음으로 도전을 받은 이 여성은 압신을 아무 조건 없이 사랑했고, 그의 인생에 자신을 쏟아부었다. 단순히 영어로 의사소통을 하는 데 필요한 기본 기술을 가르치는 것에서 그치지 않고, 하나님의 형상으로 만들어진 한 인격체로서 진심으로 그를 돌보아 주었다.

그녀는 압신과 그의 가족을 따뜻하게 환대해 주었다. 그들과 교류하며 시간을 투자했고 부정적인 평판을 무릅쓸 각오를 하였다. 그녀는 그 아웃사이더를 사랑했다.

2학년이 되었을 때 압신의 선생님은 그에게 이렇게 말했다. "압신, 그동안 네게 이 책들을 읽어 주었지. 이제 네 인생에서 가장 중요한 책을 주고 싶구나." 그러고는 작은 신약 성경책을 압신에게 건네주었다.

압신은 그 후 10년이 지나도록 그 책을 읽지 않았다. 하지만 그때 선생님이 전해 주지 않았더라면 아예 그 책을 읽지 않았을 것이다. 또한 그녀가 먼저 환대해 주지 않았더라면 그 책을 읽고 싶은 마음이 들지 않았을 것이다. 그러나 그녀는 그를 환대했고, 책을 주었으며, 결국 그는 그 책을 읽었다. 하나님은 그 신약 성경책을 사용하시어 그가 마침내 신앙에 이르도록 인도하셨다.

이 여성은 당시 문화적 풍토에 만연했던 불안과 공포에 굴복하지 않았다. 그 무슬림 가족이 위험하다거나, 신흥 종교가 나라를 집어삼키고 있다는 두려움 때문에 뒷걸음질 치며 포기하지 않았다. 주님이 주시는 소망으로 용기백배해 영원한 시각을 견지하며 사랑과 긍휼히 여기는 마음과 환대하는 마음을 품었다. 누군가는 위협당한다는 생각으로 두려움에 굴복할 때, 그녀는 기회를 보았다.

그것이 용기다.

그것이 누군가를 환대하는 것이다.

삶에 관한 대화

목회자로서 나의 역할은 그리스도인들과 교류하는 안락한 지대를 떠나, 내 주위의 나와 가치관과 신앙이 다른 사람들로 가득한 곳에 들어가고자 적극적으로 노력하는 것이다.

내가 실천하는 한 가지 방식을 소개한다면 북클럽이라는 곳을 애용하는 것이다. 여기서는 책을 읽기보다 단순히 간단한 글이나 블로그에 포스팅한 글을 읽을 때가 적지 않기 때문에 솔직히 북클럽이라는 명칭은 수정이 필요할 것 같다. 그러나 이곳의 목적은 영적 스펙트럼의 어느 지점에 속해 있든 마음 놓고 대화를 나눌 수 있는 환경을 조성하는 데 있다. 단순히 하나님에 관한 대화에 국한되지 않고 어떤 것도 대화의 주제로 삼을 수 있다. 요약하면 삶에 관해 대화하기를 원하는 사람들의 모임이라 할 수 있다.

이 모임은 항상 기독교 신앙 서적만 읽지 않는다. 오히려 대부분의 책은 신앙적인 내용과는 거리가 멀다. 나는 욕쟁이 농구 감독 바비 나이트에 관한 책부터 청부살인업자에 관한 책에 이르기까지 닥치는 대로 읽었다(상스러운 표현이 난무하기 때문에 우리 아이들이 보지 못하도록 주의하였다).

나는 이 모임의 사람들을 좋아한다. 그동안 이들에 대한 애정이 얼마나 깊어졌는지 모른다. 달리 말하면 그만큼 우리 아이들이 절대 접해서는 안 된다는 말이다. 우리가 나누는 의미 있는 대화는 모두 부적절한 농담이 뒤섞어 있어서 이 책이나 교회에서는 절대 반복할 수 없을 정도다.

그래도 상관없다. 복음에 대한 진지한 관심이 있다면, 그리스도인으로서 꼭 놀아야 할 그런 공간이라는 확신이 있기 때문이다. 물론 당연히 경계심을 늦추지 말아야 하고, 우리의 상태를 점검하고 조언해 줄 성도들의 공동체에 적을 두어야 한다. 그러나 성경적인 환대는 우리와 다른 사람들, 혹은 우리와 다른 방식으로 그 죄성을 드러내는 사람들을 환대하는 것이다.

예수님이 그러하셨듯이 우리는 기꺼이 우리의 안전지대를 벗어나 손에 흙을 묻힐 준비가 되어 있어야 한다.

물론 마음이 불편한 대화도 있을 것이다. 때로 얼굴을 붉히고 긴장해야 할 때도 있을 것이다. 북클럽의 경우 확실히 그러했다. 그러나 하나님의 사람으로서 우리의 사명이 여기에 있다. 하나님은 북클럽의 적응하기 힘든 불편함과 어색함을 이용하셔서 길을 잃고 방황하는 이들에게 그 사랑을 보여 주셨다. 이들을 예수 그리스도의 구원에 이르는 지식으로 인도하도록 도와주신 사연은 실제로 한둘이 아니다.

힘이 미치는 한 나는 이런 식으로 환대의 모범을 보여 주며, 나와 종교가 다르고 사는 모습이 다른 사람들과 함께 어울릴 수 있는 상황에 직접 뛰어들고자 노력할 것이다. 그리고 그동안 하나님은 이런 노력에 축복을 베푸셔서 사람들을 제자 삼고 어둠을 몰아내는 일에 기여하도록 인도해 주셨다.

환대에는 용기가 필요하다

전사되신 하나님이 진행하시는 사역이라는 비범하고 전우주적인 이야기와 주변 사람을 초청해 함께 소박한 음식을 나누라는 제안 사이에는 엄청난 간극이 있다. 마지막으로 다루었던 내용, 즉 용기는 누군가를 환대하는 행위로 표현된다는 내용이 기대에 비해 다소 실망스럽다는 생각이 들 수도 있다. 보통 시위 행진을 하거나, 대표단에게 의견을 제안하거나, 거대한 경기장에 대규모 인원을 동원하는 복음 전도행사를 열거나, 최소한 소셜 미디어에서 기독교적 도덕성을 변호하고 알리는 수준의 뭔가 그럴 듯한 일이어야 하지 않겠는가? 그 정도는 되어야 용감하다고 하지 않겠는가?

어떤 면에서 가장 집중적인 관심을 유도하면서도 가장 적은 인원이 요구되는 것은 바로 이런 크고 화려한 활동들, 가령 사진을 찍어 홍보하거나 정보망을 총동원하거나 온라인상의 '친구들'을 모두 보여 주는 식의 활동들이다. 가정을 개방하는 일보다는 시위 행진을 하거나, 의견을 제안하거나, 소셜 미디어로 홍보하는 일이 더 쉽다.

그 이유는 무엇인가? 첫째, 선교적인 환대에는 대가가 따른다. 우리의 시간과 돈과 안락함을 비용으로 지불해야 한다. 영어에는 "사람에게 집은 성과 같다"A man's home is his castle라는 속담이 있다. 그러나 환대는 외부세계를 차단하지 않고, 불편하고 귀찮더라도 우리 집의 문을 개방할 것을 요구한다.

둘째, 선교를 위한 환대에는 위험이 따른다. 복음을 드러내고 나누고자 한다면 복음에 대한 사람들의 굶주림도 확인하겠지만, 그에 못지않게 사람들의 적대감에 부딪힐 것이다. 우리 가정에서 이웃 때문에 그런 일이 일어난다면 얼마나 힘들고 난감하겠는가.

소셜 미디어로 복음을 전하다가 절대 얼굴 볼일 없는 친구의 친구에게서 공격을 당하는 경우라면 그렇게 큰 대가를 치르지 않을 것이다. 하지만 바로 길 건너편에 살고 있고, 앞으로 몇 년이나 몇십 년 동안 자주 얼굴을 대하게 될 이웃에게 자신을 개방하다가 공격을 당하는 경우에는 훨씬 더 위험이 따른다.

셋째, 선교적 환대는 우리 자신이 아니라 하나님에 대한 신뢰를 필요로 한다. 행진을 하고, 의견을 제안하며, 토론하고, 행사를 조직하는 일은 그럴 듯하게 보인다. 무엇보다 이런 일들은 내가 아니어도 누구나 세상을 바꾸고자 할 때 이용하는 방식이다. 그러나 우정을 쌓고, 우리와 다르게 생각하고 믿는 이들에게 나를 드러내고 개방하는 일은, 별로 근사해 보이지도 않고 제대로 효과를 볼 가능성도 그다지 크지 않다. 그러므로 우리에게는 하나님이 이런 방법으로 세상을 변화시키신다는 신뢰와 믿음이 꼭 필요하다.

지금까지 우리는 교회가 영향력 있는 자리에 앉아 근사하고 그럴 듯한 중대 선언을 발표하는 식의 방법에 익숙했다. 그러나 하나님은 주변 사람들에게 소박하지만 반문화적인 선언을 하도록 우리를 부르신다. 이것이 실제로 하나님이 일하시는 방법이라고 믿기 위해서는 용기가 필요하다.

그러므로 기독교적 용기는 환대로 표현된다.

혹은 달리 말해 기독교적 환대는 용기를 필요로 한다. 그 용기의 크기가 어느 정도인지는 우리 식탁에 둘러앉는 이들을 통해 드러날 것이다.

아버지와 함께 일하는 기쁨

정리하자면 이렇다. 용기는 복음 전도로 나타나고 복음 전도는 환대, 즉 급진적이고 선교적인 환대로 나타난다.

이런 환대는 마주하는 모든 사람을 따스하게 맞아 주고, 모두와 상호 교류하며, 함께 나누는 만찬을 중요하게 생각하고, 매사에 소외된 자를 헌신적으로 사랑하고자 노력하는 모습으로 나타난다.

우리 문화에서 신용을 얻으려면 이런 식으로 일하지 않는다. 멋진 사람들이라는 평판을 얻으려면 이런 일을 할 필요가 없다.

우리가 이런 일을 하는 이유는 이를 통해 주 예수님을 알릴 수 있기 때문이다.

누군가가 같은 식탁에 앉아 예수님에 대해 질문하며 우리가 환대를 통해 보여 준 믿음을 진지하게 받아들이려고 하는 모습을 볼 때 얻는 기쁨은 말로 형언할 수 없다. 기도를 요청하며 같은 교회에 출석해도 되는지 묻는 모습을 볼 때 이루 말할 수 없는 보람을 느낀다. 하나님의 은혜로 그들이 그리스도인이 된다면, 하나님이 우리에게 주신 가정과 식탁과 음식을 사용해 주변 사람들에게 다가가도록 하셨음을 아는 기쁨이 무엇인지 알 수 있으리라 생각한다.

어릴 때 아버지와 같이 일터에 가본 적이 있을지 모르겠다. 아버지는 우리가 무료하지 않도록 할 일을 주었고 우리는 어린 마음에 이런 생각을 했다. '와우, 이 일은 진짜 중요한 일인가 봐. 어른들이 하는 일이잖아. 이 일이 어떤 일인지는 구체적으로 잘 모르겠지만 정말 흥미진진하다.' 어릴 때 그런 날은 무척 신나는 날이었다.

환대는 하나님의 일이다. 그리고 우리의 하늘 아버지는 우리가 그분과 함께 일하기를 원하신다.

하나님은 말씀하신다.

"네가 사는 동네에 있는 어떤 사람들을 구원하려고 하는 중

이야. 나와 함께 영원히 중요한 일을 하고 싶지 않니?"

그러면 우리는 말한다.

"이야! 신나요! 고맙습니다. 그럼 아버지, 제가 구체적으로 어떻게 하기를 원하시나요?"

"먼저, 그리스도인들을 속 좁고 현실과는 동떨어진 괴상한 사람들이라고 생각하는 이웃 사람들이 보이니? 이유가 뭐건 간에 사람들과 어울리지 못하는 저 가족이 보이니? 저 사람들을 초대해서 함께 만찬을 나누고, 함께 교류하며, 그들의 말에 귀 기울여 주고, 사랑을 보여 주었으면 좋겠구나."

"저녁 만찬이요? 저 사람들이랑요? 제게 원하시는 일이 이런 일인가요?"

"그렇단다."

"음, 그런 절 도와주실 거지요?"

"보렴, 내가 세상 끝날까지 너와 항상 함께할 거란다."

07
용기를 내라, 우리는 이 순간을 위해 만들어졌다

지금은 그리스도인으로 살기에 더없이 좋은 때다. 쉽지는 않겠지만, 오히려 흥분되고 기대감이 생긴다.

현실을 보면 이 말이 전혀 공감이 안 될지 모른다. 우리가 처한 현재의 문화적 상황을 생각하면 크리스토퍼 놀란의 불길한 배트맨의 세계와 너무나 흡사하다는 생각을 떨칠 수 없다. 공포로 흉흉하고 선과 악의 경계가 모호해진 사회, 냉소와 회의적 사고가 판치는 사회, 희망이라고는 조금도 찾을 수 없는 사회가 배트맨에서 그리는 사회다. 문화 평론가 마트 세어이스 Mark Sayers가 말한 일명 '비장소'non-place에 해당한다. 이런 사회의 문화는 진실되고 의미 있는 도덕성, 관계성, 혹은 정체성에 큰 관심을 두지 않는다.

그러나 하나님의 백성들은 보이는 현실이 아니라 믿음으로 살도록 부름 받았다. 그리고 우리의 믿음은 이 모든 것이 우연이 아니라고 말해 준다.

하나님은 수십 년간 이 세상에 무관심하시다가 갑자기 관심을 갖고 돌아와 사회 곳곳이 궤도를 이탈해 엉망진창이 되었음을 확인하시는 분이 아니다. 자리에 마냥 앉아 방관하시다가 "이 모든 일의 종국이 어떻게 될지 궁금하구나. 이 사회가 포스트 기독교화 되어서 내내 불안했지. 삼위일체가 한자리에 모여 방법을 궁리해 보아야겠다"라고 때늦은 후회를 하시지도 않는다.

결코 그렇지 않다. 기독교 국가가 끝났다고 충격을 받고 두려워하는 그리스도인들은 많을지 모르지만, 하나님은 이런 반응을 보이신 적이 없다. 우리 하나님은 우리보다 크신 분이고, 어떤 문화적 규범이나 압력보다 크신 분이다.

우리 하나님은 이 모든 것을 알고 계셨다.

이 하나님을 믿는 믿음으로 살 때 우리는 두려움에서 벗어나 자유를 누리며 살 수 있다. 직장이나 평판을 잃을까 염려하는 두려움이나, 자녀들이 잘못될까 걱정하는 두려움이나, 자유를 박탈당할지 모른다는 두려움에서 벗어나 살 수 있다. 자신의 내면이나 주변에만 시선을 고정하지 말고, 눈을 들어 하나님을 바라보며 그분을 소망하고 신뢰하는 법을 배울 때, 우리는 그분 안에서 그분으로 인해 자유롭고 담대할 수 있다. 문화를 회심시키거나 정죄하거나 소비하고자 하는 수준을 넘어설 수 있다. 낙관적이고 깊은 확신으로 용기를 내어 행할 수 있다. 이 이야기의 결말이 무엇인지 알고 왜 우리가 이 이야기의 일부인지 알기 때문이다.

그분의 백성된 우리는 삶과 말로 이 어둔 세상에 위대하신 하나님을 드러내어야 한다. 참으로 가슴 설레고 흥분되는 일이다. 하나님은 바로 이 일을 하도록 우리를 여기에 두셨다.

불신의 시대가 도래한 것은 결코 실수가 아니다. 모두 하나님의 계획의 일부다.

이 불신의 시대에 우리가 그리스도인으로 살아간다는 사실 역시 실수가 아니다. 그 역시 하나님의 계획의 일부다.

각자에 맞는 고유한 곳에 우리를 두셨다

하나님은 이와 같은 시기와 공간에 맞게, 저마다 특정한 은사와 열정과 성향을 지닌 존재로 우리를 디자인하셨다.

시편 139편은 이렇게 말한다.

> 주께서 내 내장을 지으시며 나의 모태에서 나를 만드셨나이다. 내가 주께 감사하옴은 나를 지으심이 심히 기묘하심이라. 주께서 하시는 일이 기이함을 내 영혼이 잘 아나이다. 내가 은밀한 데서 지음을 받고 땅의 깊은 곳에서 기이하게 지음을 받은 때에 나의

형체가 주의 앞에 숨겨지지 못하였나이다. 내 형질이 이루어지기 전에 주의 눈이 보셨으며 나를 위하여 정한 날이 하루도 되기 전에 주의 책에 다 기록이 되었나이다(시 139:13-16).

구약은 처음부터 끝까지 '형체'frame라는 개념을 우리의 물리적 체질의 의미로 사용하고 있다. 어머니의 자궁에서 진행된 생물학적 과정의 배후에 있는 신적 활동 중에는, 우리에게 주실 날에 대비해 우리를 조성하신 활동이 포함된다. 그분은 우리에게 주실 인생을 위해 우리를 지으셨다.

게다가 시편 기자는 "내 형질이 이루어지기 전에 주의 눈이 보셨다"는 사실을 알고 있다. 다시 말해서, 하나님이 우리의 발달을 미리 정해 주셨다는 뜻이다. 그분은 우리의 신체적 조건을 미리 정해 두셨다. 정서적 조건과 성격, 위기 앞에서의 반응, 조화를 이루는 정도, 끈질김, 성취력을 특유의 기질에 맞도록 설계하셨다. 하나님이 이 모든 것을 각자에게 맞춤형으로 정해 주셨다는 말이다.

우리는 각자 고유한 존재로 하나님께 지음을 받았다. 하나님은 실수하시지 않는 분이다. 우리를 한 땀 한 땀 지으실 때 조금도 흐트러짐 없이 온전히 집중하셨다.

하나님은 우리를 각자 특별한 존재로 지으셨다.

그리고 각자에게 맞는 고유한 곳에 우리를 두셨다.

> 우주와 그 가운데 있는 만물을 지으신 하나님께서는 천지의 주재시니… 인류의 모든 족속을 한 혈통으로 만드사 온 땅에 살게 하시고 그들의 연대를 정하시며 거주의 경계를 한정하셨으니, 이는 사람으로 혹 하나님을 더듬어 찾아 발견하게 하려 하심이로되 그는 우리 각 사람에게서 멀리 계시지 아니하도다(행 17:24, 26-27).

하나님을 예배하며, 있는 자리에서 있는 모습 그대로 그분을 향해 신실한 삶을 살도록 하나님은 우리를 만드셨다. 그분은 불신의 시대를 바라보시고, 우리가 아닌 자신의 최정예 팀을 이 시대에 투입해야 했다고 후회하시지 않는다. 그리고 이 사실이 우리에게 위로가 되리라는 것을 아신다. 하나님은 자신이 하는 일을 알고 계신다.

또한 하나님은 그렇게 해서 우리 인생의 권태감과 지겨움이 사라지리라는 것을 아신다. 말하자면 하나님은 모든 일의 배후에서 역사하시며, 우리를 모든 이에게 복된 소식을 전하는 전령사로 세우셨다. 그분은 우리의 가정과 친구들, 이웃과 동료들, 우리와 만나는 모든 사람 속에서 역사하고 계신다.

우리가 나누는 대화와 교제와 상황은 어느 것도 우연이 없다

(그리스도인들은 우연을 믿지 않는다). 모두 하나님이 계획해 두신 일이다.

하나님은 우리 각자에 맞게 특별한 은사와 성향을 주시고, 현재 사는 가정과 직장에서 삶을 영위하도록 하심으로, 이 모든 일을 행하신 하나님을 사람들에게 전할 특별한 기회를 주셨다.

하나님은 오늘날의 교회에 어거스틴이나 마르틴 루터, 조나단 에드워드, 에이미 카마이클, 찰스 스펄전, 엘리사벳 엘리엇(혹은 교회사에서 좋아하는 영웅을 대입해 보라)과 같은 영웅을 주실 수도 있었다.

그러나 그분은 그렇게 하지 않으셨다.

오늘날과 같은 불신의 시대에 당신과 나를 주셨다.

우리의 소명이 여기에 있다. 우리의 특권과 책임이 이 일에 있다.

용기를 내라

그렇다. 지금은 어려운 시대다. 앞으로 상황이 더 악화될 수도 있다. 물론 실제적인 박해와 무서운 고난이 오리라는 말은 아니다. 다만 이 시대를 잘 감당한다면, 현재 겪는 상황이 비단 현대 교회만이 겪는 특수한 상황도 아닐 것이고 교회가 패배하지도 않을 것이라는 말이다.

실제로, 이미 지적했듯이 이 시대는 오히려 교회가 융성할 수 있는 기회를 받은 때라 할 수 있다. 우리는 특이하고 이상한 자들이라는 세간의 인식 속에 주변부로 밀려나 있다.

그러나 그리스도 역시 이 땅에서 살고, 죽으시고, 부활하셨을 때 바로 그런 주변부의 소외된 자리에 계셨다. 그분의 교회가 들불처럼 맹렬하게 확산될 때도 그리스도인들은 주변인으로 살고 있었다.

친구 스티브 티미스Steve Timmis와 팀 체스터Tim Chester가 「일상 교회」IVP에서 말한 대로다.

> 우리는 주변부에서 살아남을 수 있을 뿐더러 성장할 수도 있다. 주변부로부터 도래하는 하나님의 세상을 바라보면서, 대안적인 생활 방식, 가치관, 관계를 제시하고자 한다. 놀랍도록 매력적인 모습을 보여 주는 공동체가 그것이다. 이들은 지금은 주변부에 있지만 우리 앞에 계신 구주처럼 세상을 바꾸는 자들이다.

이런 교회가 되기 위해서는 우리 각자가 하나님처럼 거대한 용기로 살아야 한다. 이 불신의 시대에 주께서 용감한 자기 백성들을 통해 무슨 일을 하실지 누가 알겠는가?

그러므로 용기를 내라. 우리는 풍요와 지식이 무한하신 하나님을 섬긴다. 우리는 작고 보잘것없지만 그분은 하실 수 있다.

용기를 내라. 우리는 우리를 위해 싸우셨고, 지금도 싸우고 계시며, 우리를 위해 다시 오실 하나님을 위해 살고 있다. 역사의 승패는 이미 결정 나 있다.

용기를 내라. 우리는 그리스도의 빛으로 어둠을 밀어내는 이야기에 초청을 받았다.

용기를 내라. 그리스도는 부활하셨고, 우리는 그분의 은혜를 힘입고 서서 영원을 바라볼 수 있다.

용기를 내라. 우리가 어디에 있든지 하나님은 성결한 삶을 사는 데 필요한 모든 것을 주셨다. 신실하고, 헌신적이며, 복음 전도를 위한 환대를 실천하는 삶 말이다.

용기를 내라. 우리는 말 그대로 이 순간을 위해 만들어졌다.

지금은 그리스도인으로 살기에 더없이 좋은 때다.

용기를 내라.

참고문헌

Andy Crouch, *Culture Making* (IVP, 2013) (「컬처 메이킹」 IVP)

Richard Dawkins, *The God Delusion* (Houghton Mifflin Harcourt, 2006) (「만들어진 신」 김영사)

Timothy Keller, *Center Church* (Zondervan, 2012) (「팀 켈러의 센터처치」 두란노)

Martin Luther King, Jr., *Strength to Love* (Fortress, 2010) (「사랑의 힘」 예찬사)

C. S. Lewis, *Mere Christianity* (HarperOne, 2015) (「순전한 기독교」 홍성사)

C. S. Lewis, *The Screwtape Letters* (HarperOne, 2015) (「스크루테이프의 편지」 홍성사)

Tremper Longman III and Daniel G. Reid, *God is a Warrior* (Zondervan, 1995) (「거룩한 용사」 솔로몬)

Stuart Murry, *Post-Christendom: Church and Mission in a Strange New World* (Paternoster, 2004)

Juan Sanchez, *1 Peter For You* (The Good Book Company, 2016)

James K. A. Smith, *You Are What You Love* (Brazos, 2016)

Rico Tice, *Honest Evangelism* (The Good Book Company, 2015)

Steve Timmis & Tim Chester, *Everyday Church* (Crossway, 2012) (「일상 교회」 IVP)

A. W. Tozer, *The Knowledge of the Holy* (Harper & Brothers, 1961) (「하나님을 바로 알자」 생명의말씀사)

감사의 말

빌리지 교회가 없었다면 이 책은 나오지 않았을 것이다. 특별히 이 주제에 대해 부담을 느낀 이유는 빌리지 교회 성도들을 향한 사랑과, 우리 교회가 앞으로 어떤 일에도 주님 안에서 흔들림 없는 용기와 소망을 견지하고 살아갔으면 하는 간절한 열망 때문이었다. 빌리지 교회의 장로와 지도자들은 이 책을 통해 현재 교회가 처한 상황과 과거를 살펴보고, 기꺼이 들을 준비가 된 사람들과 이 내용을 나눌 기회를 우리에게 흔쾌히 허락해 주었다.

경건하고 탁월한 수없이 많은 사람이 이 책이 나오도록 발판을 마련해 주었고, 가르침과 저술 활동으로 성聖과 속俗의 공간을 교회가 탐구하도록 도와주었다. 그중 일부를 소개하자면 앤디 크라우치, 제임스 K. A. 스미스, 러셀 무어, 레크래, 존 타이슨, 팀 켈러, 스튜어트 머레이, 크리스찬 스미스, 알리사 윌킨슨, 트렘퍼 롱맨 3세, 다니엘 G. 레이드가 있다. 이 책이 무사히 나오기까지 우리에게 공이 있다고 생각하지 않는다. 모두 편집장 칼 라퍼톤, 그리고 굿 북 컴퍼니의 출판팀과 탁월한 이들 덕분이었다.

또한 가족들과 각자의 배우자가 아니었다면 이 책을 집필하기 불가능했을 것이다. 이들은 우리에게 있어 선물이고 주님의 은혜다. 이 책은 모두가 마음을 모으고 힘을 합쳐 준 덕분이며, 우리는 교회를 향한 그들의 은사와 사랑 덕분에 공동 작업에 더 집중해서 성과를 낼 수 있었다.

불신의 시대를 사는 그리스도인의 용기

초판인쇄 • 2019년 1월 25일
초판발행 • 2019년 1월 30일

지은이 • 매트 챈들러, 데이비드 로크
옮긴이 • 김진선
발행인 • 임용수
대표 • 조애신
책임편집 • 이소연
편집 • 이소정
디자인 • 임은미
마케팅 • 전필영
온라인마케팅 • 고태석
경영지원 • 김정희, 조창성

발행처 • 도서출판 토기장이
주소 • 서울시 마포구 망원로 26 토기장이 B/D 3F
출판등록 • 1990년 10월 11일 제2-18호
대표전화 • (02) 3143-0400
팩스 • (02) 3143-0646
E-mail • tletter@hanmail.net
www.facebook.com/togijangibook

ISBN 978-89-7782-410-2

값 10,000원

"우리는 진흙이요 주는 토기장이시니
우리는 다 주의 손으로 지으신 것이라"
(이사야 64:8)

「이 도서의 국립중앙도서관 출판예정도서목록(CIP)은 서지정보유통지원시스템 홈페이지(http://seoji.nl.go.kr)와 국가자료종합목록시스템(http://www.nl.go.kr/kolisnet)에서 이용하실 수 있습니다. (CIP제어번호 : CIP2019001327)」